[illegible]

De Valérie
16 juillet 2016
[illegible]

Francine Leca
Soigner les cœurs

Brigitte Hemmerlin-Petitgand

Francine Leca
Soigner les cœurs

KERO

ISBN : 978-2-36658-192-8

Pour tous les enfants de Mécénat.

Prologue

Ils sont cinq dans la salle d'attente. Une poignée d'enfants aux visages fatigués, dont aucun ne touche au goûter gentiment posé devant eux, madeleines et jus d'orange. Tout près de la porte, il y a Zeina, longue et souple, adolescente déjà presque femme, cheveux tressés ornés de perles multicolores, silhouette fragile. À sa gauche, Sakira, 8 ans à peine, trouve des gestes de mère pour bercer la petite Aïcha, fillette blottie contre elle, yeux fermés et pourtant débordants de larmes. À l'autre extrémité de la pièce, au bout de la longue table rectangulaire, Phone, le seul garçon du groupe. Petit, trapu, les cheveux très noirs, un visage de bouddha et des yeux opaques tant ils sont fixes, il fait mine de jouer avec un camion-grue rouge et jaune – mais les allées et venues de son véhicule lui importent peu, on le devine. Sa voisine, Ciella, visage rond et grands yeux effrayés, triture nerveusement un pull-over de laine trop grand pour elle. Pas un ne parle. Pas un ne bronche. Des enfants paisibles par obligation, courageux par devoir, étrangers à ce qui les entoure, oscillant entre la résignation et l'espoir. L'un d'eux, parfois, ferme les yeux, comme pour échapper à ce décor et retrouver l'illusion d'être encore, une fois, une seule, dans les bras de sa mère. Un autre soupire, baisse la tête, regarde, sans le voir, le livre de coloriage posé devant lui. Sakira tapote gentiment le dos d'Aïcha, qui a fini par s'endormir, ou par faire semblant. Au bras de Zeina, un bracelet de métal argenté scintille.

Elle vient d'Afrique, tout comme les autres fillettes, nées au Burkina Faso, au Burundi ou au Niger. Phone, lui, a grandi en Birmanie. Les cinq enfants ne partagent ni la même langue, ni la même culture, ni la même religion – si Zeina et Ciella sont catholiques, Aïcha est musulmane, Sakira membre de l'Église baptiste, et Phone prie Bouddha. Pourtant, ils ont trois points communs, ceux-là mêmes qui les ont conduits dans cette pièce étroite, aux fenêtres larges, donnant sur une cour pavée romantique en diable. D'abord, ils sont tous issus de familles défavorisées, pour ne pas dire misérables. Ensuite, ils sont nés avec un cœur imparfait : ventricule unique, tétralogie de Fallot, artères inversées, communications entre les oreillettes, tronc commun… Des mots savants, des mots de médecin, que les enfants ont rapidement traduits dans la langue de leur âge : impossible de courir, de jouer, et parfois même de manger, de bouger, ou de respirer normalement. Ils font un pas trop vite et s'évanouissent. Ils pleurent trop fort et sont à bout de souffle. Ils crient leur joie et voilà leurs joues qui bleuissent. Ils mangent, tout simplement, et doivent s'arrêter, le cœur au bord des lèvres. Voilà pourquoi, sans doute, ils sont si sages.

S'ils étaient nés en France, la chirurgie aurait, déjà, depuis longtemps, eu raison de leurs malformations, qu'elles soient d'origine congénitale ou infectieuse. Dans l'un ou l'autre de nos hôpitaux, en une dizaine de jours, ils seraient devenus des enfants comme les autres – gratuitement, de surcroît. Chez eux, ils n'ont eu droit qu'à un probable diagnostic, quelques médicaments, pas toujours efficaces, et la certitude d'une mort annoncée.

Mais la chance a fini par leur sourire. Car le troisième point commun de ces enfants, c'est une association. Son logo est placardé sur les murs de la salle dans laquelle ils patientent aujourd'hui : un cœur blanc sur fond rouge, accompagné des trois mots « Mécénat chirurgie cardiaque ».

Peut-être avez-vous déjà entendu parler de MCC, comme on l'appelle. Elle fête en 2016 ses vingt ans d'existence, et s'est donné pour mission de guérir ces enfants au cœur malade, condamnés dans leur pays. Peut-être avez-vous entendu ses fondateurs, la chirurgienne Francine Leca et Patrice Roynette, l'une de ses infatigables marraines, Catherine Chabaud, Inès de la Fressange, ou l'un de ses ambassadeurs, Guy Roux, Paul Belmondo, Michel Leeb, etc., raconter leur combat dans les médias ; ou bien avez-vous vu le cœur blanc sur fond rouge sur l'une des caravanes du Tour de France, sur un voilier du Vendée Globe ou de la

Route du Rhum. Peut-être avez-vous même déjà eu en main l'une de ses brochures.

Ce que vous avez pu y lire, c'est ce qu'elle accomplit en cinq étapes clés : l'identification des enfants malades à l'étranger, l'organisation de leur arrivée en France, le séjour dans leur famille d'accueil, l'opération, puis la convalescence avant le retour au pays. Vous y avez vu aussi, peut-être, le visage d'un « petit Mécénat », qui vous a souri.

Mais ce que vous n'avez pas pu lire ni voir, ce que ses fondateurs, ses marraines et ambassadeurs ne peuvent transmettre le temps d'une interview ou d'un reportage et ce que même un visage ne peut pas dire, si expressif soit-il, ce sont les histoires extraordinaires de ces enfants, de leurs familles et de ceux qui leur viennent en aide. Ce sont les innombrables embûches, les hasards improbables, les larmes et les soupirs de soulagement qui jalonnent ces cinq étapes en apparence bien huilées.

C'est l'espoir mêlé au désarroi de parents qui laissent partir leur enfant dans un pays inconnu et la bonté des familles qui lui ouvrent bénévolement les portes de leur maison ; c'est la générosité têtue de la chirurgienne Francine Leca, l'obstination de Patrice Roynette et le dévouement de tous ceux qui les entourent. C'est le courage bouleversant de ces enfants qui ne demandent qu'à vivre.

C'est un baroudeur isérois qui mobilise toute sa ville pour sauver une petite fille malade croisée au fin fond des montagnes du Pamir ; une mère qui traverse un pays en guerre pour emmener son petit garçon jusqu'à l'aéroport ; un pilote qui décide de voler le plus bas possible pour préserver un petit garçon qui manque d'oxygène ; c'est l'angoisse d'un père au chevet d'un enfant qui n'est pas le sien. C'est un passeport refusé à la dernière minute, une banale otite qui retarde une opération vitale, un destin qui s'acharne, encore et encore, les larmes d'impuissance qui coulent lorsqu'il n'y a plus d'espoir et la joie folle qui explose quand un enfant est hors de danger. Ce sont les combats de Zeina, Ciella, Aïcha, Sakira et Phone, et tant d'autres.

Bref, c'est tout ce qui fait de Mécénat chirurgie cardiaque un véritable parcours du combattant pour toutes les personnes impliquées, mais aussi une extraordinaire aventure humaine depuis maintenant vingt ans.

Jadis basés à l'hôpital Laënnec, puis à Necker, ses locaux sont aujourd'hui nichés au cœur de la capitale, dans le triangle d'or du 1er arrondissement. Tout près, l'Opéra et ses deux statues dorées, l'avenue du même nom, le Café de la Paix. Un peu plus loin, la colonne Vendôme. Plus loin encore, le jardin des Tuileries et ses allées arborées au gazon parfaitement tondu, un enchantement au printemps, un ravissement l'été.

Tout à l'heure, les cinq enfants assis dans la salle d'attente sont passés devant toutes ces richesses. S'ils étaient moins fatigués, ils auraient savouré, sans doute, la promenade dans ce beau quartier, eux qui n'ont connu que les rues de terre battue transformées par les pluies en ruisseaux, les masures sans eau ni électricité, et les marchés débordant de fruits et de légumes tropicaux que leurs parents ne peuvent acheter, faute d'argent. Mais on l'a déjà dit. Leur cœur est à bout de course. Ils ne regardent rien, n'entendent rien, soucieux, seulement, de parvenir à respirer. Et quand la porte de la salle d'attente s'entrouvre, pour laisser passer l'un d'eux, c'est à pas précautionneux qu'il sort de la pièce et s'avance dans l'open space s'ouvrant devant lui. Trois bureaux dans sa première moitié, un seul dans l'autre. Aux murs, des étagères portant des dossiers, impeccablement rangés les uns contre les autres. Il y en a deux mille six cents. Jaune pour l'Afrique, bleu pour l'Asie, vert pour Madagascar, chacun d'eux renferme la vie d'un enfant. Au fond de la pièce, caché derrière un paravent noir couvert de photos de gamins souriants, un dernier bureau, minuscule celui-là. À l'intérieur, penchée sur les radios de Zeina, la cofondatrice de MCC : le professeur Francine Leca, chirurgien du cœur.

I.

Une lettre venue d'Iran

Tout a commencé par une simple lettre, expédiée par avion, portant de beaux timbres frappés d'une écriture arabe, tout en rondeurs et déliés. En ce mois de novembre 1995, elle est posée sur le bureau de Francine Leca. Première femme chirurgienne cardiaque en France, chef de service à l'hôpital Laënnec depuis six ans, elle ne sait pas encore que la missive va bouleverser le cours de sa vie et de celle de milliers d'enfants. D'ailleurs, elle ne l'a pas encore lue, ni même vue.

Elle est passée dans son bureau, ce matin, très tôt, mais on l'attendait au bloc. Elle s'est changée, très vite, et elle a filé. À son arrivée, le patient était endormi, thorax déjà ouvert par l'un de ses chefs de clinique. Les canules permettant le branchement de la circulation extracorporelle avaient été fixées. Elle a donné le signal du départ de la chirurgie cardiaque.

Normalement constitué – deux ventricules, deux oreillettes, des artères bien placées, et des valves en ordre de marche –, notre cœur bat de soixante à quatre-vingt-dix fois par minute. Une mécanique précise et infatigable qui, de systole en diastole, a longtemps interdit l'approche d'un scalpel, dont l'usage aurait provoqué une hémorragie mortelle – c'est du moins ce dont étaient persuadés les chirurgiens qui s'y sont risqués au XIXe siècle. « Aucune méthode nouvelle et aucune découverte ne peuvent vaincre les difficultés que présente une plaie au cœur », écrit en 1896 l'illustre praticien anglais Sir Stephen Paget. La très grande majorité de ses confrères est alors de son avis, hormis quelques audacieux, aux résultats incertains.

Il faudra attendre l'année de la naissance de Francine Leca, 1938, pour voir le Dr Robert E. Gross réussir la suture d'un canal artériel[1] au Children's Hospital de Boston, et sauver, par son geste, la vie de sa petite patiente de 8 ans. Mais, même s'il a réalisé un progrès indéniable, le chirurgien n'a pu intervenir que dans la proche périphérie du cœur. Le problème reste donc entier : impossible, sans arrêter le muscle cardiaque, de réparer des coronaires bouchées après un infarctus. Impossible encore de fermer les communications entre les ventricules, ou de changer de place des artères mal situées. Impossible, toujours, de changer des valves abîmées…

Pour tenter d'y parvenir, les chercheurs imagineront d'incroyables techniques : des bains de glace pour ralen-

1. Tuyau qui existe chez le fœtus entre l'artère pulmonaire et l'aorte et se ferme normalement après la naissance. Resté ouvert, il compromet gravement la croissance de l'enfant.

tir la température et diminuer la fréquence cardiaque ; une « circulation croisée » entre un enfant et son parent, servant d'oxygénateur[1]. Jusqu'à ce que John H. Gibbon, assistant en chirurgie à Harvard, invente en 1953 un cœur-poumon artificiel, capable de prendre le relais de la mécanique humaine, le temps de l'opération chirurgicale. Une révolution.

Francine Leca a alors 15 ans et vit, elle aussi, un immense bouleversement. La jeune fille têtue, garçon manqué, véritable boule d'énergie, est renvoyée pour la seconde fois d'un très chic lycée parisien pour « indiscipline ». Recadrée par un père qu'elle adore, dans une lettre dont elle se rappelle encore aujourd'hui chaque mot, elle s'engage à obéir, enfin, et à se mettre sérieusement à ses études. Trois ans plus tard, elle obtient son baccalauréat et décide de devenir médecin.

Un an plus tôt, les Prs Dubost et Sprovieri ont réalisé à Paris la première intervention française à cœur ouvert. Au moment où la jeune Francine s'inscrit à la faculté, la chirurgie cardiaque prend son envol.

Et c'est en 1968 que leurs chemins, entamés de concert, se croisent enfin, lorsque Francine Leca franchit les portes de l'hôpital Laënnec pour effectuer son internat. Créé au Moyen Âge pour permettre aux nécessiteux

1. On draine le sang veineux de l'enfant à opérer vers les veines de celui de ses parents qui présente un groupe sanguin compatible. Ensuite, le sang artériel du parent est pompé dans son artère fémorale et poussé dans l'aorte de l'enfant, à la sortie du cœur.

d'être soignés, le bâtiment que l'on appelait jadis « l'hospice des incurables » est situé en plein cœur du 7e arrondissement de Paris, à deux pas des Invalides. Au centre du domaine, une chapelle. Dans la cour pavée, un buste de La Rochefoucauld. Un peu plus loin, un ange de pierre. Et au fronton d'un cadran solaire doré, une inscription latine : « Toi qui viens ici, prends garde que ce ne soit ta dernière heure » – curieux pour un hôpital se dit alors la jeune fille. À cette époque, en 1968, le service réservé à la chirurgie cardiaque joue encore les parents pauvres. D'une architecture banale, il est situé à l'arrière et donne sur un petit potager, où un jardinier cultive pommes de terre et tomates. À l'intérieur d'un bâtiment de brique rouge, deux étages abritent des salles communes vétustes où sont alignés, les uns contre les autres, des lits de fer garnis de draps immaculés et rêches. Dans les salles d'attente, les familles se pressent, patientes, humbles, terrorisées. Des adultes, mais aussi beaucoup d'enfants aux lèvres bleues, au souffle court regardent passer des bataillons de blouses blanches, internes, externes, chef de service en tête. Parmi eux, la jeune Francine Leca, stéthoscope autour du cou, cheveux bruns taillés à la diable, chemise d'homme à col ouvert, talons plats, s'apprête à assister à sa première intervention à cœur ouvert.

Elle en garde, encore aujourd'hui, un souvenir très vif. La lumière crue, l'odeur d'antiseptique, la froide mécanique de la circulation extracorporelle (CEC), ces deux blocs d'acier hérissés de tubulures, le silence tendu des lieux, tout l'impressionne. Tout, et surtout cette estrade sur laquelle une dizaine de personnes s'affairent autour du malade recouvert d'un drap bleu. Infirmières, anesthésistes, et deux chirurgiens, devenus aujourd'hui des légendes en leur domaine : Jean Mathey, le « grand patron » du service, et Jean-Yves Neveux, son chef de clinique. Francine Leca s'approche puis, une fois sur l'estrade, se penche, jusqu'à voir le champ opératoire, soigneusement délimité par le tissu. Là, devant elle, un carré de chair ouverte, au fond duquel, un battement après l'autre, palpite le cœur. Jean Mathey fait signe à l'anesthésiste de mettre en route la CEC. Quelques secondes plus tard, le chirurgien peut « clamper » l'aorte et empêcher le sang d'arriver jusqu'au muscle cardiaque. Progressivement, celui-ci s'arrête. Le voilà immobile. Prêt à être réparé.

Gestes adroits et élégants des chirurgiens, le maître et l'élève, duo soudé comme deux doigts d'une même main. Ordres brefs donnés par Jean Mathey. Ballet parfaitement réglé des blouses bleues. Les heures s'écoulent, semblables à des minutes. Enfin, c'est terminé. Il ne reste plus que l'essentiel. Déclamper l'aorte, laisser le sang se frayer lentement un chemin à l'intérieur des artères coronaires. Attendre, souffle suspendu, que le cœur, de nouveau rempli de sang, se remette à battre. Quand elle le voit se gonfler, puis palpiter, doucement, Francine Leca comprend qu'elle a définitivement trouvé sa voie.

C'est une chose de le rêver. Une autre d'y arriver. Car, à cette époque, le panthéon de la chirurgie cardiaque est encore bien masculin. Charles Dubost, le pionnier, Alain Carpentier, l'inventeur des bioprothèses d'origine animale ; Christian Cabrol, qui a réalisé la première transplantation cardiaque en France ; Georges Lemoine, précurseur de la chirurgie cardiaque de l'enfant ; et les autres, tous les autres, ceux qu'elle a croisés et ceux dont elle a lu les travaux, ses professeurs à l'Université, ceux qui donnent des interviews aux médias : tous ceux-là sont des hommes. Mais qu'importe ! La chirurgie, ce n'est pas une question de chromosomes. D'ailleurs, elle requiert finesse et même délicatesse, des qualités que l'on juge souvent féminines. Francine compte bien s'accrocher, et pour cela elle n'a qu'une méthode : faire fi de son sexe, se poser en égale. Ignorer les regards curieux ou narquois, faire mine de ne pas entendre les réflexions un rien désobligeantes. Étudier et travailler comme les hommes et même mieux que les hommes. Et, en toutes circonstances, garder un sourire bien féminin et ignorer les imbéciles, en ne regardant que les brillants chirurgiens.

En 1971, elle prête le serment d'Hippocrate. Aujourd'hui encore, elle peut le réciter par cœur, admirative de sa langue et de ses formules. L'une d'elles est prémonitoire : « Je donnerai mes soins gratuits à l'indigent. » C'est un serment qu'elle s'apprête à honorer d'une façon inédite, près de vingt-cinq ans plus tard, en ce jour de novembre 1995. Mais pour l'heure, la chirurgienne est tout entière concentrée sur le thorax de son jeune patient.

L'intervention – la fermeture d'une communication entre les deux ventricules – n'est pas très difficile. Bien sûr, ouvrir un cœur n'est jamais un geste anodin, mais, dans ce cas, la malformation n'est pas trop compliquée. Précise, méticuleuse, un orfèvre qui ferait de la plomberie, Francine Leca arrive au but : fixer un patch sur la communication pour la boucher. Au début de son internat, quand elle assistait ses maîtres, ces patchs avaient des formes tarabiscotées. Elle a créé des patchs ronds, permettant de débuter une suture n'importe où, s'adaptant facilement à l'intérieur du cœur. Une contribution modeste, mais importante, à la chirurgie cardiaque. Francine Leca coud donc soigneusement le patch rond sur le trou entre les ventricules. Mais il ne tient pas. Elle recommence et recommence encore – la pendule marque midi quand elle commence à perdre espoir.

Désormais forte d'une longue expérience, elle sait qu'une intervention, c'est un peu comme un voyage en avion. Aucun souci, la plupart du temps. Et puis, un jour, un moteur tombe en panne et tout repose sur le pilote, qui doit maîtriser parfaitement son appareil. Le chirurgien cardiaque, lui, doit connaître dans le détail tous les gestes à effectuer.

Après de longues heures, elle et son équipe finissent par remporter la bataille. Demain matin, sans savoir qu'il a frôlé la mort, le petit patient sera parfaitement réveillé. Si tout va pour le mieux, il aura même les lèvres barbouillées du chocolat du petit déjeuner.

Après-demain, il sera debout. Dans quelques jours, il courra dans les couloirs.

N'empêche. Au moment où, toujours vêtue de sa blouse verte, Francine remonte enfin du bloc et pousse la porte de son bureau, elle lance à sa secrétaire un sonore : « Ah ! bonjour Pascale, tu sais, cette fois, on n'est pas passés loin », qui vient du fond du cœur.

Pascale, c'est Pascale Grais, fine jeune femme aux cheveux brun-roux coupés court, encadrant un joli visage rond. Voilà de longues années, maintenant, qu'elle connaît Francine Leca – elles sont arrivées à Laënnec ensemble, ou presque. Employée par l'APHP, Pascale a fini par devenir LA secrétaire de la chirurgienne – un rôle pas toujours facile, loin de là. Francine Leca fait mille choses en même temps, Pascale les canalise ; elle lance une série d'ordres – poliment, mais d'un ton qui ne souffre pas la contradiction –, Pascale les prend en note, sans broncher. Francine râle, peste, s'emporte après l'une ou l'autre des cent cinquante personnes directement placées sous sa houlette, Pascale écoute, silencieuse, et laisse passer la tempête. C'est elle, aussi, qui reçoit les malades arrivant en consultation, et les fait patienter. Rude tâche, quand on sait qu'ils sont tous convoqués à la même heure. Et justement. Ce jour-là comme souvent, la salle d'attente est archi comble. Les malchanceux sont là jusqu'à la fin de l'après-midi, c'est certain. Ils se sentent pourtant rassérénés quand, souriante, Pascale Grais passe la tête par l'entrebâillement de la porte, et leur lance un gentil : « Mme Leca est arrivée. »

Arrivée, oui. Mais disponible, pas encore. Tout en grignotant quelques tranches de saucisson et un bout de fromage, arrosés d'une gorgée d'eau, Francine Leca ôte ses chaussures, se masse les chevilles, mises à rude épreuve par les longues heures passées debout et immobile. Sur sa table de travail, juste devant elle, une pile de dossiers en équilibre instable, un fouillis de documents, un stéthoscope, quelques livres, des chocolats, offerts par la famille de l'un de ses petits malades, et des photos de ses enfants, Caroline et Orso, qu'elle caresse des yeux. Pendant de longues années, ils se sont accommodés de sa vie professionnelle envahissante. Ils l'ont prise comme elle était, contents finalement d'avoir une mère « peu banale ». Elle ne leur accordait que peu de temps, mais quand elle était près d'eux le rayonnement de sa présence effaçait tout le reste. Mais leur père, Georges Chetochine, son amour de jeunesse, a fini par se lasser des dîners annulés, des week-ends en solitaire, des coups de téléphone au milieu de la nuit et des gardes le jour de Noël. Il a demandé le divorce et la garde des enfants et a obtenu les deux, à une époque où ils étaient quasi systématiquement confiés à leur mère, en cas de séparation. Une injustice qui a laissé Francine Leca abasourdie.

Pascale Grais, apparue comme par miracle, tire la chirurgienne de sa rêverie en énumérant, poliment mais fermement, tout ce qu'elle doit régler en urgence : courriers à envoyer, rendez-vous à fixer, anesthésistes à convoquer, une infirmière qui demande un entretien en privé, l'administration qui lui refuse un remplacement d'ordinateur... Agacée, Francine Leca secoue la tête, redresse le dos, se passe les mains dans les cheveux – un geste familier qui trahit sa préoccupation. Puis elle hausse les épaules. On verra tout ça plus tard. Pour le moment, la priorité, comme d'habitude, est aux malades.

18 heures 30. La consultation est terminée. La chirurgienne dicte quelques courriers à Pascale qui, une fois encore, fera des heures supplémentaires. Elle s'apprête ensuite à aller voir les malades qu'elle a opérés. Comme chaque jour, elle passera un long moment au chevet de chacun d'eux, lira les comptes rendus des internes, donnera telle ou telle directive. L'heure du dîner sera sans aucun doute largement dépassée et les couloirs quasi déserts quand, enfin, elle rentrera chez elle.

Mais ce jour-là, au moment de sortir de son bureau, son regard s'arrête sur la lettre posée sur sa table de travail. Est-ce la couleur de l'enveloppe, d'un joli bleu passé, qui a attiré son attention ? Les timbres ? L'écriture soignée qui trace son nom et son prénom ? Quoi qu'il en soit, elle la décachette.

Le courrier vient d'Iran, plus précisément de Téhéran. Il est écrit en un français parfait, par le père d'un enfant souffrant d'une grave malformation cardiaque. À mots comptés, il supplie la chirurgienne de lui venir en aide. Si elle ne fait rien, son fils va mourir. Dans son pays, la chirurgie cardiaque n'existe encore qu'à l'état embryonnaire.

Il dit vrai, Francine Leca le sait. Au cours des années précédentes, elle s'est rendue – nombre de chirurgiens le font – en mission dans les pays du tiers-monde. Au Yemen, elle a vu des adolescentes souffrant de rhumatisme articulaire aigu, maladie éradiquée en Europe, aux USA et même dans une grande partie de l'Asie, par le simple usage des antibiotiques[1]. Au Caire, certains de ses confrères lui ont dit que, *inch Allah*, c'était la volonté de Dieu si les enfants qu'ils étaient incapables d'opérer mouraient. Depuis qu'elle est chef de service, elle reçoit presque quotidiennement ce genre de lettres. Des appels au secours de parents désespérés, aux quatre coins du monde et qu'elle ne peut honorer.

La lettre venue d'Iran, bien qu'elle ne sache pas dire pourquoi aujourd'hui, c'est la goutte d'eau pour Francine Leca. Elle a tout ce qu'il faut ici pour sauver cet enfant : des lits, un personnel compétent. Elle peut opérer gratuitement. Il peut être sauvé. Il doit être sauvé.

C'est décidé : elle ira voir le directeur de l'hôpital et plaider sa cause. Elle sait manier les mots, avancer les arguments, convaincre. Et puis elle a l'autorité d'une femme d'exception, coqueluche des médias – le Pr Leca, première chirurgienne cardiaque, et chef de service en prime, ce n'est pas passé inaperçu. Elle est optimiste.

Mais le rendez-vous ne se passe pas comme prévu. Elle parle de sauver une vie humaine, on lui répond budget, risque de précédent, réaction du personnel,

1. Les cardiologues disent souvent que le RAA « lèche les articulations et mord le cœur ». En effet, cette maladie due à un microbe, le streptocoque, provoque des fluxions articulaires sans gravité mais aussi de graves lésions des valves cardiaques.

etc. C'est un non. « Non ? » Francine Leca ne veut pas y croire. Pendant les événements de Mai 1968, elle révisait tranquillement ses cours. Politiquement, elle est plutôt à droite, tendance Marie-France Garaud. Elle n'a rien d'une militante, ni d'une pasionaria. Mais elle ne peut admettre que le petit Iranien soit condamné à mort.

Pendant des jours, en femme pragmatique, la chirurgienne réfléchit au moyen de contourner le refus du directeur de Laënnec. Elle l'a bien compris : l'argent est le nerf de la guerre. Il faudrait 50 000 francs pour financer l'opération du petit Iranien. Comment les trouver ? La seule façon, c'est de monter une association destinée à collecter des fonds. Francine Leca s'y est déjà employée, voilà trois ans, quand on lui a refusé une subvention pour repeindre les chambres. Il suffit de réactiver cette structure et de l'adapter à son nouveau projet. Mais elle ne peut y arriver seule.

Patrice Roynette va fêter ses 50 ans. Vif et décidé, c'est un merveilleux exemple de réussite sociale. Fils d'ouvrier, il a grandi près de sa mère, qui lui a transmis ce qu'elle appelle « les vraies valeurs », celles du travail, de l'entraide et de la solidarité. À 16 ans, ce grand timide, mû par l'envie d'agir et le souci de bien faire, commence sa vie professionnelle chez un fabriquant d'accastillage et de mâts de bateaux. Entré dans l'entreprise comme simple ouvrier, il la quitte, six ans plus tard, avec le titre de directeur général et devient ingénieur conseil dans un institut en marketing. Au cours des années suivantes, il s'impose comme l'un des meilleurs « chasseurs de têtes » de la capitale. Ce « voileux » qui a – presque – fait le tour du monde en bateau, connaît le Tout-Paris de la finance, de l'industrie, de la banque. Pour ne rien gâter – souvenir, peut-être, d'une jeunesse difficile – il connaît également le secteur humanitaire et a contribué à créer une association baptisée La Mer à Suresnes. Tous les ans, en juillet, elle permet à des enfants défavorisés de faire de la voile sur la Seine. Autant dire que Patrice Roynette est l'homme dont Francine Leca a besoin – et cela tombe bien, car c'est également son filleul, et leurs relations sont empreintes d'une grande tendresse.

La chirurgienne ne s'est pas trompée : il est immédiatement séduit par le projet. Mieux, il pense déjà à l'élargir. On fera venir le petit malade Iranien, mais aussi d'autres enfants à travers le monde ! Des dizaines, des centaines. Des milliers ! Autant qu'on le peut. On trouvera des familles pour les accueillir. On les opérera gratuitement et ils rentreront chez eux guéris. Les cinq étapes de la brochure sont déjà là. Ne reste plus qu'à les mettre en œuvre…

Les « y a qu'à » et les « faut que » fusent lors du dîner organisé dans la foulée, qui réunit Francine, Patrice, sa femme, Sophie, et Jacques Sentenac, patron d'un laboratoire pharmaceutique. Les quatre amis se répartissent déjà les rôles. Jacques Sentenac se chargera d'obtenir les premiers fonds auprès de son laboratoire. Patrice Roynette créera une structure destinée à en récolter d'autres. Sophie fera connaître l'association auprès du grand public. Quant à Francine, elle gérera la partie médicale. Et, en ce qui concerne la convalescence, elle demandera à son ami le Dr Vincent Lucet, directeur du Château des Côtes, un centre de cardiologie pédiatrique situé à Jouy-en-Josas, à quelques kilomètres de Versailles, s'il peut s'en charger. Ensuite, il faudra trouver des familles bénévoles qui prendront soin d'eux. Car, malheureusement, et même si cela paraît cruel, il n'est pas possible de faire venir leurs parents. Ce serait trop compliqué sur le plan administratif et trop coûteux.

Les quatre convives se regardent. Heureux. Voilà. Tout est réglé – au moins sur le papier. On va pouvoir commencer à travailler. Reste une question. : comment s'appellera l'association ? Sur ce point, Francine Leca a déjà une idée bien arrêtée. Elle souhaite la baptiser « Mécénat chirurgie cardiaque ». Patrice Roynette fronce les sourcils. En communiquant aguerri, il trouve ce nom compliqué. Et puis pourquoi « Mécénat » ? Un mécène, n'est-ce pas quelqu'un qui aide les artistes ? Eh bien justement, fait observer Francine : quelle plus belle œuvre d'art que le cœur d'un enfant ?

Décembre. Janvier. Février. Mars. Voilà quatre mois maintenant que le courrier destiné au père du petit Iranien a été posté. Quatre mois que Francine Leca attend, en vain, une réponse. Quatre mois qu'elle se demande si ce petit garçon est encore vivant. Pendant ce temps, Patrice Roynette n'a pas chômé. Il ne sait pas si cet enfant franchira un jour les portes de Laënnec, mais il a tout fait pour que, bientôt, d'autres puissent être accueillis. Les statuts de l'association ont été déposés. Elle a désormais un logo, dessiné par sa fille Margaux, âgée de 10 ans. Le cœur blanc sur fond rouge, à la fois maladroit et superbe, a été adopté à l'unanimité, bientôt orné du nom de l'association, tracé de la plume élégante de Francine Leca. Un graphiste et un imprimeur amis se sont chargés de l'immortaliser. Il figure, déjà, sur l'en-tête des premiers courriers expédiés. Patrice a loué un minuscule deux pièces, rue de Marignan. Il s'est adjoint les services d'un « pro » de l'événementiel, François Babou, qui est aussi l'un de ses amis. Désormais et pour longtemps, il a une double vie : chasseur de têtes et chasseur de fonds.

30 juillet 1996. L'été est là, ciel bleu et soleil brûlant sur Paris. Un beau présage pour les deux petits garçons qui débarquent à l'aéroport de Roissy en provenance de Moldavie, les deux premiers patients accueillis par MCC, quelques mois seulement après la création de l'association. Le premier, Alexander, a 6 ans. Pantalon bleu et veste en jean, cheveux noirs fraîchement coupés, il regarde autour de lui, un rien intimidé. Le second, Anton, 3 ans, tient fermement la main d'Oxana, la cardio-pédiatre qui les a accompagnés durant leur voyage. Voilà de longues heures maintenant qu'ils ont quitté Chisinau, la capitale de leur pays. L'adieu à leurs parents a été difficile, même si Alexander a joué les courageux. Dans l'appareil, le personnel de bord les a gâtés : mots d'encouragement, friandises : rien n'a été laissé de côté, pour qu'enfin ils acceptent de sourire. Ils ont dormi, un peu. Anton a

pleuré, beaucoup. Frêles et maigres, ils montent à présent dans l'ambulance venue les attendre. Et regardent, sans le voir, le paysage qui défile autour d'eux, si différent de celui de leur pays. Chez eux, des champs à perte de vue, des villages qui semblent des lieux-dits, des bourgs étirés dans la campagne, quelques maisons et un clocher. Ici, une banlieue déjà dense, petits pavillons enserrés d'immeubles, un flot de voitures, devant eux, derrière eux. Et ce bruit incessant…

Un arrêt. L'ambulance passe le porche de l'hôpital Laënnec, roule sur le pavé de la cour. À droite, la chapelle, un peu plus loin, l'ange de pierre, le cadran solaire. Voilà le véhicule arrêté devant le pavillon de brique rouge abritant la chirurgie cardiaque. Les portes s'ouvrent. Les enfants passent la tête, Alexander le premier. Devant eux, des infirmiers, des médecins en blouse bleue et une équipe de télévision au grand complet – cadreur portant une lourde caméra sur l'épaule, ingénieur du son qui tend vers eux une perche, et le journaliste, derrière. Ce soir, un reportage sur l'arrivée des premiers enfants pris en charge par Mécénat chirurgie cardiaque sera diffusé, dosé à la seconde près en émotions et en explications. Premier sourire d'Alexander, regard triste d'Anton, gestes de tendresse du personnel envers eux. Interview de Francine Leca. Zoom sur l'écran d'échographie, explications de Maryline Lévy, l'un des pivots du service, qui montre les défauts du cœur d'Alexander. Enfin, interview du Dr Pavel Bors, le jeune interne moldave qui a convaincu Francine Leca d'accueillir des enfants de son pays.

Aujourd'hui, le Dr Bors est un chirurgien cardiaque accompli. Mais, il y a vingt ans, il n'en menait sans doute pas large quand il est entré dans le bureau de la « patronne » pour plaider la cause des enfants moldaves. Il avait, comme tout le personnel de Laënnec, entendu parler de son association. Dans son pays, comme en Égypte, comme en Syrie, comme en Iran, comme en Afrique, la chirurgie cardiaque n'en était qu'à ses balbutiements… Cette association, c'était la chance des enfants qui, en Moldavie, mouraient faute de pouvoir être opérés. La chirurgienne avait hoché la tête. La Moldavie ? Pourquoi pas. Avait-il des dossiers à lui présenter ? Justement, Pavel en avait apporté deux – ceux d'Alexander et d'Anton. Dans un geste mille fois répété, Francine Leca les avait ouverts, avait regardé les radios, lu les comptes rendus des médecins. Puis elle avait planté son regard dans celui du jeune interne : « Allez. On va les faire venir. »

Pour elle, l'affaire était réglée. Au niveau logistique, les choses étaient un plus compliquées. Il fallait, d'abord, persuader les parents des deux petits garçons qu'ils devaient les laisser partir seuls. Un déchirement – le prix de la guérison. Là-bas, en Moldavie, la correspondante de Pavel Bors, la cardio-pédiatre Oxana, a dû longuement plaider sa cause. Pour atténuer, autant que faire se peut, l'angoisse des deux familles, elle a assuré qu'elle serait dans l'avion, aux côtés des enfants. Qu'ils allaient être pris en charge par les meilleures équipes médicales, suivis dans un excellent centre de convalescence, puis qu'une famille d'accueil bénévole prendrait bien soin d'eux.

Une famille d'accueil bénévole ? L'idée, on s'en souvient, avait été évoquée au cours du dîner fondateur de l'association. Mais, au moment où Francine Leca accepte les dossiers du Dr Bors, Pascale Grais, avec son sens pratique habituel, lui fait remarquer qu'aucune n'a encore été recrutée. Et qu'elle ne voit vraiment pas où trouver des gens désireux de veiller cinq à six semaines sur un enfant ne parlant pas un mot de français, et sortant d'une intervention chirurgicale très lourde – le tout bénévolement, bien sûr.

Lorsque sa secrétaire lui rappelle ce « détail », Francine Leca ne cille pas. Elle s'immobilise simplement quelques secondes. Pascale, qui la regarde, comprend qu'elle réfléchit, passe en revue des solutions. « Écoute, dit-elle finalement, je ne sais pas. S'il n'y a personne, je les prendrai chez moi. »

C'est à ce stade de l'histoire de Mécénat chirurgie cardiaque qu'interviennent Mireille et Dominique Labarrière. En 1986, Francine Leca a opéré leur fils Fabien, alors âgé de 4 ans, qui souffrait d'une malformation cardiaque gravissime : ventricule unique, transposition des gros vaisseaux, valve unique, oreillette unique, rétrécissement de l'artère pulmonaire. Même le novice pouvait comprendre que le cœur n'était qu'embryonnaire et que Fabien n'aurait pas dû survivre plus de quelques semaines. Pourtant, il a grandi, vaille que vaille, et ses parents, qui ne se résignaient pas à le perdre, avaient consulté différents chirurgiens. Seule Francine Leca leur a laissé un peu d'espoir, en acceptant de l'opérer. Bien sûr, elle ne pourrait pas réparer complètement son cœur. Mais elle tenterait de faire en sorte qu'il batte encore quelques années – jusqu'à ce qu'on puisse faire bénéficier Fabien d'une transplantation cardiaque.

Dans les semaines suivant son opération, l'enfant avait fait plusieurs arrêts cardiaques et respiratoires. Son sang avait cessé de coaguler normalement. On l'avait cru perdu, à plusieurs reprises. Mais il avait tenu. Son état s'était même amélioré progressivement, si bien que Mireille et Dominique avaient pu le ramener à la maison. Cinq ans plus tard, le 26 janvier 1992, Francine Leca avait pratiqué sur lui une transplantation cardiaque. Et en ce mois de juillet 1996, il entre, aux côtés de sa maman, dans le bureau de la chirurgienne, pour un suivi. Un garçonnet de 12 ans, transformé, rayonnant et en bonne santé, comme le constate la chirurgienne.

— Madame, lâche-t-elle une fois l'examen terminé, j'ai un service à vous demander.

Mireille Labarrière, qui s'apprêtait à prendre congé, soulagée, la regarde. Un service ? Évidemment. Elle n'a qu'à demander !

— Attendez tout de même de savoir de quoi il s'agit... Voilà. J'ai créé une association, Mécénat Chirurgie cardiaque. Elle va me permettre de faire venir en France des enfants venant de pays défavorisés. Les premiers arrivent dans trois semaines. Mais je n'ai personne pour s'occuper d'eux, le temps de leur convalescence. Est-ce que vous les prendriez chez vous ?

C'est ainsi que Mireille et Dominique Labarrière ont ouvert leur porte à Alexander et Anton, devenant la première famille d'accueil de l'association. Aujourd'hui, ils ont accueilli chez eux vingt-cinq enfants. Les deux petits garçons moldaves sont devenus adultes, donnent des nouvelles régulièrement. Ils vont bien. Fabien aussi. Mais Francine Leca n'a jamais eu de nouvelles du petit Iranien, dont elle a, en vain, et à plusieurs reprises, tenté de contacter le père.

II.

Rencontres

— Bonjour ! Comment ça va ?

Les cinq enfants qui patientaient dans la salle d'attente ont été pris en charge. Zeina vient d'être opérée avec succès. Ciella l'a été voilà 48 heures. Elle est toujours intubée, mais les médecins du centre Marie-Lannelongue ne sont pas inquiets – pas encore. Phone, lui, a superbement passé l'épreuve. Il est en convalescence, au Château des Côtes. Sakira et Aïcha attendent patiemment leur tour, dans leurs familles d'accueil respectives.

Tailleur pantalon et mocassins, chemise blanche à col ouvert, cheveux fraîchement coupés, poignet droit protégé par une attelle – un accident de pêche à la mouche, loisir qu'elle affectionne –, Francine Leca arrive, sourire aux lèvres, dans les locaux de Mécénat chirurgie cardiaque : deux cents mètres carrés en rez-de-chaussée dont chaque centimètre est exploité, une ruche qui compte désormais quelque quatre cents bénévoles, mais surtout les salariés qu'elle ne manque jamais de saluer. Au pôle médical, chargé de la réception et de l'accompagnement des dossiers, de l'organisation des voyages des enfants, du suivi des familles d'accueil, de l'échange des nouvelles et du suivi médical, ainsi que de la formation des médecins, des missions à l'étranger et du parrainage scolaire, Pascale Grais, devenue l'une des rouages essentiels de Mécénat chirurgie cardiaque, Tiphaine, Émeline et Marion. Au pôle développement, qui gère les partenariats avec les entreprises, les produits dérivés, la mise en place et la gestion des événements sportifs et culturels, sans oublier les relations avec les donateurs, Patrice Roynette, Orso, son épouse Sophie, Grégory, Stéphan, Charlotte, Marie-Sophie et Rémi.

Une vraie structure, des échanges permanents, une organisation rodée et efficace : ils sont désormais bien loin, le dîner enthousiaste qui a réuni les quatre fondateurs de Mécénat et l'accueil improvisé des jeunes Moldaves. Vingt ans ont passé. Mécénat a grandi, s'est transformé, a déménagé – à l'hôpital Necker, où Francine Leca était chef de service, après la fermeture de Laënnec, puis rue Saint-Augustin lorsque la chirurgienne a pris sa retraite. Les chirurgiens de Jacques-Cartier, à Massy, de Marie-Lannelongue, au Plessis-Robinson, et de l'hôpital Georges-Pompidou, à Paris, ont ouvert leurs portes aux enfants de l'association. Des antennes ont été créées en province : Tours, Nantes, Marseille, Lyon, Strasbourg, Bordeaux, Angers, Toulouse. Des dizaines, des centaines d'événements ont permis d'apporter l'argent nécessaire à MCC.

Il y a eu des joies immenses et des drames, des miracles et des enfants qui ne sont pas arrivés au bout du voyage, des angoisses et des attentes, des colères, aussi, quelques disputes. Et, pour finir, Patrice Roynette avait vu juste, il y a eu des milliers de petits opérés qui ont passé, les uns après les autres, la porte que Francine Leca vient de franchir, manches de chemise relevées, impatiente, déjà, de se remettre au travail.

Tout, pourtant, les séparait de ces bureaux. La misère, le manque de routes, de médecins, l'analphabétisme. Leur avenir semblait tracé, dans la certitude d'une mort annoncée. Leurs vies à tous ont basculé et cela n'a tenu, parfois, qu'au hasard d'une rencontre...

Quittons Paris et la rue Saint-Augustin. Nous sommes à Rangkul, minuscule village de yourtes situé à trente-six heures de route de Douchambé, la capitale du Tadjikistan, en Asie centrale. Pour y arriver, pas d'avion, pas de train et encore moins d'autobus. Il faut emprunter un 4×4, en compagnie de huit autres voyageurs, et s'engager sur « l'autoroute du Pamir », surnommée également route de la drogue. Trente-six heures plus tard, après avoir franchi une interminable succession de cols surplombant le vide, on découvre, stupéfait, un endroit splendide : cercle de montagnes aux sommets encore enneigés, lacs d'un bleu intense en contrebas, toundra à perte de vue, un autre monde, neuf encore, où la nature prend le pas sur l'homme. C'est ici, à plus de 4 000 mètres d'altitude, dans une yourte chauffée l'hiver à l'aide de bouse de vache ou d'arbustes arrachés à la terre, que vit

Altynbutu. La jeune fille vient de fêter ses 21 ans. Voilà de longues années, déjà, qu'elle est malade. Bronchites à répétition, évanouissements, essoufflement et la couleur grisée de sa peau ont sonné l'alerte. Ses parents ont commencé par temporiser puis, devant sa fatigue et sa maigreur, ont décidé de l'emmener jusqu'à la capitale. Là, un diagnostic de malformation cardiaque a été posé – et aussi, la certitude que personne ne peut rien faire pour elle. Depuis, la jeune fille survit comme elle le peut, comptant les jours qui lui restent comme d'autres compteraient les années. Elle ne se mariera jamais comme ses amies, qui, les unes après les autres, l'invitent à assister au prononcé de leurs vœux. Elle n'aura jamais d'enfant, elle qui les regarde jouer avec les cailloux, les herbes presque rases, et courir après les yacks. Elle ne pourra bientôt plus marcher. Elle a même du mal à avaler l'épaisse soupe à base de mouton que sa mère a préparée pour le dîner. Elle grimace en buvant le thé trop fort qui fait battre son cœur plus vite encore que d'ordinaire. Elle sent, en un mot, la vie la quitter.

Jusqu'à ce jour de début d'été où arrive un 4×4 venu de la capitale, avec, à son bord, un étranger. Grand, brun, silhouette sportive, il vient de France et plus précisément de la ville des Deux-Alpes, en Isère. Amoureux des espaces sauvages et des longues randonnées, il parcourt les montagnes du Pamir. Quelle était la probabilité pour qu'il fasse une halte à Rangkul ? Pour que sa route croise celle d'Altynbutu ? Pour qu'il s'émeuve de son état au point qu'il promette de l'aider dès son retour en France ? Au village, personne n'y croit. Pour quelle raison un étranger remuerait-il ciel et terre afin de sauver de la mort une jeune fille presque inconnue ? Les incrédules ont tort. Quelques semaines plus tard, Christian prend contact par mail avec Mécénat chirugie cardiaque. Et Pascale Grais lui demande de bien vouloir envoyer les pièces médicales en sa possession.

Mais l'électro est quasi illisible. Il n'y a pas d'échographie et la radio est de mauvaise qualité. Perplexe, Francine Leca parcourt le dossier. L'enfant est cyanosée, le cœur est gros, et ce n'est pas très bon signe. Au vu de son examen clinique, le médecin local penche pour une tétralogie de Fallot. Non ! Cela « ne colle pas ». C'est plutôt une cardiopathie complexe…

— Qu'est-ce qu'on fait, Pascale ?

Francine sait que celle-ci la ramène toujours à la réalité, un rôle parfois ingrat, qu'elle assume avec une parfaite bonne volonté, et une grande patience.

— Madame Leca, ça risque d'être compliqué…

Demander un avis est une chose. Le suivre en est une autre. Et compliqué est un mot qui n'est pas de nature à faire reculer la chirurgienne. L'adolescente est perdue au fin fond de l'Asie centrale, elle ne parle pas un mot de notre langue, ni même d'anglais, elle n'a pratiquement jamais quitté son village natal. Et alors ? La chirurgienne jette un dernier coup d'œil sur la radio.

— Allez. On ne peut pas la laisser comme ça. Je te dicte un mail pour Christian. « Cher Christian. Je pense qu'il serait utile de faire venir votre protégée en

France, pour lui faire subir des examens complémentaires. Néanmoins, un problème se pose. Comment payer son voyage ? D'ordinaire, ce sont les parents qui s'en chargent. Or, en l'espèce, je ne suis pas certaine qu'ils en aient les moyens... »

À la réception de ce mail, Christian alerte tous ses amis, voisins et connaissances des Deux-Alpes. Il faut réunir très vite l'argent du billet d'avion d'Altynbutu. Elle doit partir de son village avant l'hiver, sinon elle y restera bloquée par la neige et les congères. Dans les deux semaines qui suivent, grâce à la générosité de la Ville des Deux-Alpes, qui met aux enchères un œuf de télécabine, le billet est payé. Altynbutu fait en 4×4 le long chemin qui mène à la capitale. Là, un avion de la Turkish Airlines l'attend, qui l'emmène jusqu'à Istanbul, d'où elle prendra un vol pour Paris et le bureau de Francine Leca.

Autre pays, autre enfant. L'histoire du petit Soa a été joliment racontée par sa maman d'accueil, dans un livre baptisé *Fils de l'Hymalaya*[1]. Soa est né dans l'est du Tibet, où il a grandi avec sa mère et ses frères. Une maison de pierre qui l'abrite du froid, des yacks qui donnent du lait et de la viande, la famille est pauvre sans être misérable. Mais Soa est malade. Il refuse de manger, respire avec peine, ne grandit pas, ne grossit pas. Il doit, s'il veut survivre, gagner l'Inde ou, peut-être, il pourra être soigné, et guéri. L'Inde ? Autant dire

1. *Fils de l'Himalaya,* Bernadette Borniche, édité à compte d'auteur.

la lune, puisque la Chine, grande amie du Tibet au point de l'avoir envahi et placé sous sa coupe, interdit le passage de la frontière. C'est compter sans le courage et la détermination de la maman de Soa. Pour sauver son fils, elle vend ses yacks et part à pied, à travers le pays, serrant son enfant contre elle. Durant leur longue marche, elle le protège du froid, de la pluie, du soleil brûlant, avance la nuit, sans bruit, dort le jour dans des abris de fortune. Les voici arrivés aux contreforts de l'Himalaya. Il n'y a plus de route, la nature se fait encore plus rude, plus sauvage. Pour avancer, il faut enjamber d'énormes troncs d'arbre, franchir des précipices sur des passerelles de fortune, bois et corde, marcher, toujours, vers le passeur qui les attend. Celui-ci prend Soa sur ses épaules. En avant. Il faut franchir les montagnes. La neige, le froid, les pierres des chemins, les rochers, quand les chemins s'arrêtent, le vide, vertigineux, la faim, la soif, et même la rencontre avec un tigre des neiges, rien ne les arrête. Après dix-neuf jours d'un incroyable périple, ils rejoignent, enfin, l'autre côté. Là, un oncle, venu de Dehli, emporte Soa, tandis que sa mère prend le chemin du retour, pour rejoindre ses aînés, qui l'attendent de l'autre côté de la montagne.

Mais Soa n'est pas sauvé pour autant. À Dehli, les médecins diagnostiquent une cardiopathie très grave. Faute d'argent, il est impossible de le faire opérer. Son oncle, particulièrement démuni, ne peut même plus le garder avec lui. Il doit le confier à un village d'enfants. C'est là que Soa grandit, en compagnie de vingt autres orphelins. C'est là que, hasard incroyable, une touriste française de passage le rencontre et décide de l'aider. Mais comment ? Si elle arrive à le faire venir jusqu'en France, aucun hôpital, faute d'argent, ne voudra l'opérer.

Quelques mois plus tard, le destin frappe à nouveau. La jeune femme allume son poste de télévision et tombe sur un reportage consacré à Mécénat chirurgie cardiaque. Il ne s'écoulera que peu de temps avant que Francine Leca pose son stéthoscope sur la poitrine de Soa, l'enfant de l'Himalaya.

Accra, capitale du Ghana. C'est là que vit David, le grand-oncle de Benjamin. Un bébé dont la vie n'a, jusque-là, été faite que de toux, de pleurs et de vomissements. À 6 mois, le nourrisson ressemble à un vieillard, yeux immenses dans un visage décharné, peau des jambes et des bras fripée par la maigreur. Il serait mort, sans doute, si David, qui l'emmène à l'hôpital, pour une énième consultation inutile, n'avait croisé le chemin de deux touristes originaires de Choisy-le-Roi, et engagé la conversation. Atterrés par l'état de santé du bébé, ils alertent l'association. Quelques mois plus tard, Benjamin rentrera au Ghana, guéri. « Grâce au bon Dieu et à vous, écrira David à Francine Leca, il marche, balbutie des mots. S'il plaît, prochainement, si je viens en France, je l'amènerai. Il est si mignon, avec sa peau lisse et brillante. Si le cœur vous en dit, rendez-moi visite au Ghana, nos portes vous seront toujours ouvertes. »

Des rencontres improbables, il y en a eu beaucoup d'autres. Reiza, qui vit dans une minuscule île des Philippines a croisé le chemin de Marie-Céline, venue plonger dans les eaux translucides baignant les côtes. Nicolas, hospitalisé au Cameroun, à l'agonie, a ému la femme d'un expatrié américain. Baddredine a rencontré, au fin fond de la Kabylie, une touriste qui suivait son compagnon, originaire de la région.

Fatima, elle, a fait la connaissance d'un cardiologue français en mission humanitaire au Centre hospitalier universitaire du Bon Samaritain, à Ndjamena, la capitale du Tchad. Elle vient de fêter ses 21 ans, mais ses traits enfantins lui donnent encore une allure adolescente. Petite, menue, elle est enceinte de six mois, mais ne mènera sans doute pas sa grossesse à terme. Fatima souffre en effet d'un rétrécissement très serré de sa valve mitrale. Elle ne sort plus de chez elle, même pour faire quelques pas – le moindre effort la laisse sans souffle. En France, sa malformation cardiaque pourrait être traitée par dilatation : un cardiologue introduit dans l'artère fémorale un minuscule cathéter porteur d'un ballonnet, que la circulation sanguine amène jusqu'à la valve trop serrée. Une fois déplié, il lui permet de retrouver sa forme d'origine, et de redevenir opérationnelle. Le tout prend quelques heures. Mais nous sommes au Tchad. Ici, rien de tout cela n'existe encore.

— Et si on la faisait hospitaliser en France ?

L'échographe vient de terminer son examen. Allongée sur la table, main posée sur son ventre, Fatima tourne la tête vers l'homme qui vient de lancer cette idée folle. Il est cardiologue, on l'a dit, en mission humanitaire. Il est aussi – chance inouïe – un proche de Francine Leca. Quelques heures plus tard, son mail d'alerte arrive dans la messagerie de Pascale Grais, qui le transmet illico à la chirurgienne.

— Pascale, appelle-moi Jérôme Petit.

Jérôme Petit, c'est un cardio-pédiatre de l'hôpital Marie-Lannelongue, au Plessis-Robinson, l'un des meilleurs de sa catégorie. Et depuis de très longues années, maintenant, il travaille main dans la main avec Mécénat chirurgie cardiaque.

— Allô Jérôme ? Bonjour, c'est Francine. Écoute, j'ai une jeune fille qui a besoin d'une dilatation percutanée de la valve mitrale. Ça les sauverait, elle et son bébé, parce qu'en plus elle est enceinte de six mois. Quand peux-tu la prendre ? Le 12 février ? Très bien. On se débrouille pour qu'elle soit là.

12 février, 6 heures du matin. L'avion en provenance de Ndjamena se pose sur le tarmac de l'aéroport de Roissy. À l'intérieur, le cardiologue aide Fatima à se lever de son siège. Il a prévu un fauteuil roulant au pied de la passerelle, il a bien fait. Les voilà dans un taxi, direction Le Plessis-Robinson. À cette heure, il n'y a pas grand monde sur la route, ils y seront dans moins de trois quarts d'heure. Fatima regarde, éberluée, le paysage qui défile autour d'elle. L'autoroute qui s'étire en un grand ruban d'asphalte. Le Stade de France, à sa gauche. Les tours, les immeubles, puis la banlieue qui change, devient plus résidentielle, les maisons qui se

font coquettes, les arbres bordant les rues mieux taillés, à droite, un parc ; voilà l'hôpital, déjà.

Le personnel les attend et tout va très vite. Après une prise de sang, un électrocardiogramme, et une échographie, Fatima est emmenée au bloc opératoire. Elle n'a pas le temps d'avoir peur. Déjà, une légère anesthésie locale insensibilise sa cuisse et son aine. Jérôme Petit peut, sans problème, introduire cathéter et ballonnet. L'intervention, pratiquée de main de maître, est une réussite. Dès le lendemain, la jeune femme, sortie de l'hôpital, fait une promenade de trois kilomètres à pied. Quatre jours plus tard, après un vol sans histoire, elle est de retour auprès des siens, à Ndjamena. Son bébé naît à terme sans problème, et, selon la formule consacrée, la mère et l'enfant se portent bien.

Changeons de continent. Nous sommes à Madagascar, plus précisément au centre social Marie-Christelle, situé à 650 kilomètres de Tananarive, au nord-est de l'île. Créé en 2001, il recueille les enfants en détresse, notamment les jumeaux, considérés aujourd'hui encore par les ethnies Antambahoaka et Antaimoro comme amenant « le mauvais œil ». Garçons ou filles, ils ont été abandonnés dès leur naissance et ont grandi ici, dans ces baraquements de bois, sans eau courante ni électricité – mais avec un toit au-dessus de leur tête, et de quoi manger. Une chance dans leur malheur, quand on sait que, dans l'île rouge, le revenu moyen annuel par habitant est de 27 euros.

Parmi les jeunes pensionnaires du centre, Solo Paul, né « vers 1997 ». Un garçonnet vif, éveillé, qui aime l'école, du moins jusqu'à ce que des crises de vomissements et une toux incoercible l'empêchent de fréquenter les cours. De dispensaire en hôpital de fortune, plusieurs diagnostics sont successivement posés : tuberculose, cancer du foie, pneumopathie. Mais aucun traitement – antibiotiques à haute dose ou chimiothérapies – n'est efficace. Les responsables du centre Marie-Christelle n'arrivent toutefois pas à se résigner. Alors qu'il vient de fêter ses 16 ans et qu'il n'est plus que l'ombre de lui-même, ils décident de l'emmener jusqu'à Tananarive. Un voyage de quinze à dix-huit heures, en taxi-brousse, à travers des paysages désertiques et grandioses, qui l'amène jusqu'à la consultation organisée par l'ONG Médecins du monde. C'est là, enfin, qu'un praticien expérimenté découvre que Solo Paul souffre, en réalité, de calcifications péricardiques – la membrane entourant son cœur s'est durcie par endroits, et le comprime, l'empêchant de battre normalement. Le médecin, qui connaît Mécénat chirurgie cardiaque, envoie un mail pour demander une prise en charge rapide. Quelques mois plus tard, l'adolescent arrive à Paris, où il sera opéré avec succès.

Le cas de Solo Paul n'est pas unique, loin de là. Aujourd'hui, 10 % des demandes de prise en charge reçues par Mécénat émanent d'ONG implantées dans les pays défavorisés. 20 % d'entre elles sont quant à elles le fait de parents opiniâtres, qui n'hésitent pas à prendre la plume pour crier leur détresse. Leurs missives, rédigées dans un français fleuri, vont droit au cœur.

Le père de Moussa, 6 ans et demi, qui souffre d'une communication entre les ventricules, vit dans la banlieue de Bamako, au Mali. Il est polygame, et a eu dix enfants de ses deux épouses. « *J'ai beaucoup d'enfants,* écrit-il. *Mais je tiens à tous ces enfants. Je vous prie de soigner mon enfant, à cause de Dieu* ».

Deo Gratias, lui, a 7 ans et demi. Il habite Brazzaville, au Congo, avec sa sœur Darling, et son frère, Destin. Après avoir consulté des médecins belges de passage dans la capitale, ses parents s'adressent à Francine Leca, dont le nom est tracé en grandes et belles lettres noires : « *C'est le cœur serein et plein de foi que nous rédigeons cette lettre. Nous pensons au miracle, nous croyons au miracle, nous vivons le miracle dont la matérialité est attestée depuis 8 ans par le bruit vivifiant du souffle de notre enfant* ».

« *Depuis sa naissance, nous parcourons les hôpitaux sans succès,* explique la maman de Paola, 11 ans et 9 mois, dans une missive envoyée du fin fond du Cameroun. « *Cette épée de Damoclès nous a plongés dans une désolation totale. Aussi nous vous supplions de prendre en charge notre chère petite fille. Les parents que nous sommes vous autorisons en notre âme et conscience que cette intervention chirurgicale soit pratiquée sans autre forme de procès. Paola est une brillante élève, elle apprend le piano, et elle a été baptisée, en 2003. Elle va à la messe tous les dimanches.* »

« *Serge est notre seul et unique enfant. Il est aussi notre seul espoir dans ce monde. L'idée de savoir qu'il puisse guérir un jour nous réconforte à tel point que les mots nous manquent pour vous exprimer notre gratitude* », disent, de leur côté, les parents d'un jeune homme de 20 ans, vivant à Bobo Dioulasso, au Burkina Faso. Et d'ajouter : « *Seul le Seigneur vous récompensera de vos bienfaits et vous donnera les moyens et la force nécessaire de vous occuper des enfants démunis* ».

« *Nous venons vous demander de l'aide*, expliquent les parents de Dorinta, 8 ans, elle aussi Burkinabé. *Nous osons croire que le traitement permettra sans doute de retrouver la santé, de vivre, et d'être compté parmi les enfants du monde.* »

« *Abdoul est mon seul et unique petit-fils* » écrit Brigitte, grand-mère d'un magnifique bébé, dont la photo est jointe à sa lettre. *C'est en allant à l'hôpital que le médecin m'a parlé d'une malformation cardiaque, c'est comme si le ciel allait s'écrouler sur moi. La mère d'Abdul, ma fille, est en apprentissage de coiffure, le père est un élève de 18 ans, qui n'a aucune ressource financière. Son père, d'ailleurs, l'a renvoyé de chez lui quand il a appris qu'il avait enceinté ma fille. Abdul peine à téter, il se fatigue très vite, il a des difficultés respiratoires. Je vous en prie, sauvez-le, vous êtes mon seul espoir.* »

Parfois, les lettres viennent d'un tiers, comme cette missive expédiée par le père Emmanuel Konakou Koffi, prêtre de la paroisse de Djekanou, en Côte d'Ivoire. « *Madame, c'est avec tout le respect et la conviction que me communique le Saint-Esprit que je viens vers vous pour vous présenter un cas social que je viens de découvrir sur ma commune. Le jeune Patrick a été abandonné par son père, parti se fondre dans la nature, parce que ne pouvant plus supporter les charges de la famille.*

Est-il encore en vie ? Personne ne le sait, après les crises à répétition qu'a connues notre pays. Après sa fuite, la mère a rejoint son village natal, où elle vit d'un petit commerce de poisson fumé. Elle élève de son mieux Patrick, qui va, l'année prochaine, commencer son CP. Aura-t-il la chance de poursuivre ? Pas si sûr, si rien n'est fait pour opérer sa malformation cardiaque congénitale. Je ne voudrais pas que cette maman se résigne à regarder mourir à petit feu le pauvre enfant. Elle a déjà vu mourir sa première fille, à un an et demi, d'une anémie sévère… »

Rencontres, lettres, appels téléphoniques, mails, suppliques sur les réseaux sociaux, sollicitations d'ONG, de plus en plus nombreuses, tous ces chemins mènent jusqu'à Mécénat. Il en est d'autres, moins hasardeux, plus professionnels, ceux d'un réseau mis en place au fil des années par l'association et composé de médecins locaux. De l'Afrique à l'Asie, en passant par Madagascar, ces « référents » sont désormais une bonne centaine. Travaillant en étroite liaison avec les équipes du pôle médical, ils diagnostiquent chaque année des dizaines d'enfants dont ils constituent et envoient les dossiers. Francine Leca les aide à améliorer leur savoir-faire en permettant à certains d'entre eux de suivre, en France, une formation en cardiologie pédiatrique, alliant cours pratiques, sous forme d'étude de dossiers, et théoriques. Ainsi, la vie des enfants qui passent la porte de son bureau ne tient-elle plus seulement au fil capricieux du hasard.

III.

Choisir

Elle s'appelle Amina Abba Hamidou, pédiatre à la clinique Pasteur de Niamey, au Niger. Elle est médecin référent de Mécénat dans ce pays et a suivi, en 2008, la formation de cardiologie pédiatrique dispensée en France par l'association. De passage dans notre pays, elle patiente en compagnie des enfants qui doivent être examinés aujourd'hui. Il est 15 heures 30. Francine Leca, retenue par un déjeuner, vient tout juste d'arriver dans son bureau, où elle passe un coup de téléphone urgent.

Dans la salle d'attente, si Boualem, 4 ans, s'amuse tranquillement avec un avion de papier, si Aya, 1 an, tire avec constance les lacets de ses baskets bleues, la petite Aissatou, 18 mois, hurle aussi fort qu'elle le peut. Et, bousculant l'ordre de la visite, c'est elle que l'on fait sortir de la pièce la première.

— Au moins, elle a de la voix !

Francine Leca regarde, l'air un rien agacé, la petite qui s'époumone. Elle fait signe à sa maman d'accueil de s'asseoir face à elle.

— Bonjour madame, dit-elle. Je ne vous demande pas comment ça va…

Est-ce le son de la voix ? Aissatou se calme. Quelques cris, encore, qui se terminent en sanglots. Elle finit par se taire, ou presque.

— Alors Amina, c'est toi qui nous l'as envoyée, cette petite ?

Francine Leca se tourne vers la jeune pédiatre, qui est entrée, elle aussi, et s'est installée sur le canapé d'angle. Grande, charpentée, le visage rond barré de lunettes légèrement teintées, Amina est, malgré la chaleur, enveloppée dans un grand châle d'un jaune foncé, et porte une toque de velours bordeaux. Elle se lève, en signe de respect, pour répondre au Pr Leca.

— Oui, professeur, répond-elle. J'ai vu cette enfant à Niamey.

— Et ton diagnostic était…

Francine Leca regarde le dossier.

— Tétralogie de Fallot. C'est ça ?

— Oui…

— Est-ce qu'elle est bleue ?

— Non…

— Alors si elle n'est pas bleue, c'est que ce n'est pas un Fallot.

Silence. Amina se mord la lèvre inférieure, visiblement ennuyée.

— Je sais bien que l'échographie va dans ce sens, poursuit la chirurgienne. Mais Amina, il ne faut pas t'y fier ! Tu n'es pas la seule à faire cette erreur, d'ailleurs. Alors que ce qui compte, avant tout, c'est ce que l'on voit ! L'écho est un examen magnifique, mais il n'est valable que si celui qui le fait est compétent. La clinique, la radio et l'électro doivent te permettre de poser un diagnostic. Regarde tes patients. Est-ce qu'ils sont bleus ou pas ? Essoufflés ou non ? Ensuite, prends leur pouls. Est-il lent, rapide, fuyant, trop fort, asymétrique ? Écoute les souffles du cœur. Précise bien leur localisation, leur intensité. Tire les conclusions de tout ça. Et si elles vont à l'encontre de l'échographie, eh bien fais-la refaire !

Amina acquiesce. De son côté, Aissatou recommence à pleurnicher.

— Bon, conclut Francine Leca, je ne vais pas l'ausculter, cette petite, ce n'est pas la peine de la faire hurler à nouveau. Elle a été vue à Massy, en préopératoire. Elle a une petite communication entre les ventricules qu'on va boucher, et après, elle sera guérie, et tout ira bien, Mme la marquise !

Francine Leca prend congé de la maman d'accueil d'Aissatou. Puis, se tournant de nouveau vers Amina :

— On va voir les deux autres enfants ensemble, d'accord ? Après, je crois que Pascale a du travail pour moi.

Et ce travail, c'est celui de l'examen attentif des dossiers demandant des prises en charge. Ils sont blancs, alignés sur des étagères en quatre longues rangées, et séparés par des intercalaires portant des noms de pays : Algérie, Birmanie, Burkina Faso, Burundi, Cameroun, Congo Brazzaville, Côte d'Ivoire, Djibouti, Gabon, Guinée Bissau, Irak, Haïti, Laos, Madagascar, Mali, Maroc, Niger, Sénégal, Syrie, Tchad, Togo. Dans chacun d'entre eux, un enfant attend. Ses parents, une ONG ou un médecin référent ont alerté Mécénat. Tiphaine, l'une des quatre salariées du pôle médical s'est ensuite chargée d'obtenir les documents médicaux qui permettront à Francine Leca d'étudier son cas : observation détaillée sur le plan cardiaque, datant de moins de trois mois, radio thoracique de face, électrocardiogramme, échographie cardiaque, examens sanguins, sans oublier la copie du carnet de vaccination de l'enfant. Licenciée en anglais et en allemand, titulaire d'un master de communication, Tiphaine a franchi la porte de l'association voilà huit ans maintenant, dans le cadre d'un stage de fin d'année. Elle y est restée, silencieuse et passionnée. Tous les jours, en arrivant, elle ouvre sa boîte mail, décachette son courrier, fait le point sur les documents rentrés – et sur tout ce qui doit encore arriver. Combien d'enfants meurent avant que le dossier ait pu être constitué ? Combien de familles renoncent ? La route jusqu'au bureau de Francine Leca est semée d'embûches. Pas seulement parce qu'elle s'apparente parfois à une lutte contre les éléments, mais aussi à cause des événements politiques qui embrasent les pays, des insurrections, des coups d'État, des couvre-feux qui en rendent toute sortie compliquée voire impossible. Sans oublier les épidémies qui cantonnent les habitants loin de la capitale. Et, bien sûr, le manque d'argent.

Mais ce matin, bonne surprise. Après de multiples relances, le dossier d'Alice, 10 ans, née au Burkina Faso, l'un des dix pays les moins développés du monde, plus précisément au village de Zamo, dans la province de Sanguié, au sud-ouest, est enfin complet. Pour consulter, l'enfant a dû être transportée à motocyclette sur des pistes de terre, souvent impraticables à la saison des pluies, avant d'arriver, 30 kilomètres plus loin, sur un axe principal de mauvaise qualité. Alice a bravé les difficultés du trajet avec courage jusqu'à ce qu'enfin, tous les documents soient réunis. L'électrocardiogramme et la radio thoracique de Yousra, petite Marocaine de 2 ans qui, dit l'un de ses cousins, « *ne se nourrit plus, reste allongée toute la journée sur le carrelage, s'essouffle de plus en plus vite, ne joue plus avec ses frères* », sont là eux aussi, comme ceux de Mahamoudou, 6 mois, qui vit à 345 kilomètres de Bamako, au Mali, sixième de sa fratrie, et qui, malgré tous les soins qui lui sont prodigués, grandit mal. Trois dossiers enfin complets, qui vont rejoindre tous ceux que Francine Leca doit étudier, avant de donner son feu vert pour la venue de l'enfant en France – si elle le donne.

Il y a tant de demandes, venues du monde entier, tant de dossiers en attente. Keita, 11 ans, qui, écrit son père : « *ne espire pas bien* ». Et d'ajouter : « *son corps se chauffe, elle espire en soufflant, elle pleure chaque fois, papa, papa, elle balade dans la chambre en criant et pleurant* ». Abdul Karim, 14 mois, qui « *ressemble à une petite crevette grise* ». Béranger, 17 mois, qui « *aime être dans sa trottinette qui fait du bruit, jouer avec des ballons, se met debout pour taper sur la table* ». Moukda, 7 ans, qui vit au Laos, dans une maison en bois sur pilotis, au toit de tôle, et qui va à l'école à pied, 3 kilomètres aller et retour, sur un chemin de terre. Franck, 16 ans, qui « *se cache pour jouer au foot* » pour ne pas que sa mère le fasse rentrer, et s'évanouit, quand il rentre enfin. Nour, 5 ans, aux allures de premier de la classe avec ses yeux noirs et ses cheveux coiffés avec une raie sur le côté. Jésus Marie, 9 ans, dont le frère se prénomme Carême et la sœur, Aimée. Sadé, 5 ans, dont la mère a vendu tous ses biens « *dans l'espoir de la voir guérir* ». Eudes-Printemps, pour lequel s'inquiète son père, Raymond-Été. Tsito, 8 mois, fils unique que sa mère a failli perdre deux fois, à trois et cinq mois de grossesse. Fanapera, 6 ans, qui « *aime écouter de la musique, et la danse* ».

Comment choisir ceux qui, en France, bénéficieront d'une intervention chirurgicale ?

La réponse à cette question est avant tout médicale. Pour décider qui viendra ou ne viendra pas, Francine Leca a trois critères. Le premier, c'est qu'il ne soit pas déjà trop tard pour opérer. Le second, c'est que la malformation ne soit pas de celles qui permettent une vie quasi normale. Et le troisième, c'est que l'intervention chirurgicale améliore l'état physique du petit patient, ce qui n'est pas toujours le cas, contrairement à ce que l'on pourrait croire. Voilà pour la théorie. En pratique, les choses sont parfois moins simples.

— On y va, Pascale ?

17 heures 30. La salle d'attente est vide. Sur le canapé d'angle, là où, tout à l'heure, était assise Amina, s'entassent deux hautes piles de dossiers blancs. Les plus urgents. Pascale Grais les tend un à un à la chirurgienne, qui les ouvre, à commencer par celui du petit Aman, né à Djibouti voilà 18 mois.

— Ah, il est mignon, dit-elle en tirant du dossier la photo d'un bébé joufflu, aux cheveux noirs à la frisure impeccable. Il nous est envoyé par un médecin que nous avons formé, n'est-ce-pas ? Il a une communication interventriculaire. Mais l'électro, il date, il est illisible. Bon, Pascale, je te dicte une lettre à notre référent. « *Mon cher ami, dans ce dossier, les documents les plus récents datent de six mois. La communication interventriculaire dont souffre l'enfant est, à cet âge, évolutive et un bon examen clinique nous serait utile. Par ailleurs, l'électrocardiogramme est illisible. J'attends donc des nouvelles qui me permettront de décider.* »

Aman devra attendre – au risque de voir les choses s'aggraver. Francine Leca le sait et s'en agace. Elle s'agace aussi de ce qu'elle découvre dans le dossier de la petite Aïcha, qui habite elle aussi à Djibouti. À 11 ans, la fillette souffre de palpitations et d'une discrète dyspnée. Des troubles imputables à une malformation cardiaque ? Francine Leca parcourt l'électrocardiogramme des yeux, déchiffrant ses hautes pointes comme d'autres lisent le journal. Tête entre les mains, visage tendu, elle réfléchit.

— Je ne suis pas certaine que ses malaises soient liés à la communication entre les ventricules, finit-elle par dire. Elle est de petite taille, ça ne peut pas provoquer tout ça. Bon, on va la surveiller. Pascale, je veux des nouvelles d'ici un an. D'ici là, qu'elle mène une vie normale. Donne-moi un autre dossier. Ah, celle-là aussi, elle vient de Djibouti. Regarde la photo, elle a l'air d'une braillarde… Enfin, braillarde ou pas…

Francine Leca lève haut la radio.

— Il ne faut pas trop traîner. Regarde. On a une hypertension pulmonaire importante. Remarque…

Elle tire l'électrocardiogramme du dossier. Soupire.

— Ça, ce sont les dossiers les plus embêtants. Quand on ne sait pas s'il faut opérer ou pas… Est-ce que je m'accroche à l'électro ?… Il est plutôt bien… Mais la petite tousse, elle est essoufflée…

Francine Leca regarde la radio.

— Elle a un gros cœur !

Face à elle, Pascale Grais se garde bien d'intervenir. Elle sait, par expérience, que la chirurgienne redoute de se tromper : la moindre erreur lors cette difficile médecine à distance peut être lourde de conséquences.

Il s'appelait François, et était âgé de trois ans. Bébé rond et joufflu, il habitait Tananarive, la capitale malgache. Voilà deux ans maintenant, son dossier est arrivé sur le bureau de Francine Leca. À l'intérieur, la lettre d'une maman suppliant qu'on le prenne en charge, une mauvaise radio, un électrocardiogramme illisible et un diagnostic : tétralogie de Fallot. Au vu de ces éléments, Francine Leca avait pris la décision de faire opérer le bébé par l'antenne de Marseille. Après l'intervention, il pourrait mener une vie normale... Hélas. Quand François était arrivé à l'hôpital de la Timone, pour les premiers examens préopératoires, l'équipe médicale s'était rendu compte, très vite, que le diagnostic initial était erroné. L'enfant souffrait en réalité d'une atrésie tricuspide[1]. Fallait-il opérer ou pas ? Apparemment, il allait assez bien. Sa taille et son poids étaient normaux, il était correctement oxygéné. À son âge, un geste chirurgical aurait été dangereux.

C'est ainsi que François était rentré chez lui, après être resté plusieurs semaines « en surveillance » dans sa famille d'accueil. Pendant les deux ans qui avaient suivi, il avait semblé grandir normalement. Puis, en janvier 2015, tout avait basculé. L'enfant était bleu. Il se fatiguait extrêmement vite. Une photo transmise par mail le montrait très affaibli. Cette fois, il fallait intervenir et vite. Mais vite, cela voulait dire quelques semaines à attendre, encore – il fallait trouver une place dans un hôpital, une famille d'accueil, organiser le voyage. Ces semaines-là furent de trop. François mourut quelques jours avant de prendre l'avion pour la France. En apprenant son décès, Francine Leca vacilla. Puis la colère prit le pas sur l'émotion. Cette colère, c'est contre elle qu'elle était dirigée. Elle aurait dû mieux regarder cette photo qui montrait un enfant porté par son père, visage gris à force d'être bleu. Elle avait mal évalué l'urgence, il aurait fallu faire plus vite.

1. Absence de valve à l'entrée du ventricule droit.

Puis, surtout, elle avait fait confiance aux médecins malgaches pour le diagnostic initial. « Je n'ai pas lu le dossier à fond », s'était-elle reproché, oubliant la mauvaise qualité des clichés et de l'électrocardiogramme…

Dans le bureau de Francine Leca, la pile de dossiers blancs diminue lentement. Il serait raisonnable d'arrêter, de rentrer chez soi, de dîner tranquillement, et de fumer, ensuite, un cigare – le péché mignon de la chirurgienne. Mais Francine n'est pas raisonnable.

— Celle-ci s'appelle Imane Nacri, dit-elle. Elle est marocaine.

Sur la photo, une gamine, pieds nus sur la terre rouge, devant une maison délabrée, tourne vers l'objectif un visage épuisé.

Francine Leca tire la radio du dossier.

— Regarde-moi ça, dit-elle à Pascale. Le cœur déborde de partout. Si on l'opère…

Elle se tait, regarde la photo d'Imane.

— Elle risque de mourir. Si on ne l'opère pas, elle va mourir.

Un nouveau silence. Par la fenêtre, derrière Francine, on aperçoit la petite cour dans laquelle, l'été, on déjeune. Un rai de soleil se pose sur la fontaine de pierre. Deux mésanges s'envolent, plumes grises, poitrail blanc et jaune. Aux murs, des rosiers grimpants éclatent de fleurs d'un rose très pâle. Sur la photo, Imane attend, pétrifiée.

— Allez, dit la chirurgienne. On la prend…

Et « on prend » aussi Mustapha, 2 ans, bébé au gros cœur, aux poumons chargés, qui vit au Burkina Faso, près d'un père aide-maçon et d'une mère femme au foyer. Sur la photo jointe au dossier on le voit poser, dans les bras du père vêtu, pour l'occasion sans doute, d'une chemise blanche, tandis que son épouse arbore un boubou coloré. « Ils ont du mal à vivre, ces gens-là, ils doivent avoir à peine de quoi manger », commente Francine. Mohamed, Béninois de 5 ans, qui, malgré sa belle mine, fait des infections à répétition, viendra lui aussi dans les prochains mois, tout comme Karim, 2 ans, qui vit au Togo auprès d'un père cultivateur. Une famille de dix enfants, qui grandissent dans trois pièces aux côtés de leurs deux mères respectives. Revenu : moins de 4 euros par jour. « Lui, dit Francine, ce n'est pas de la rigolade. Il faut qu'il soit là dans les trois mois. » Et d'ajouter, devant la photo de la fratrie : « Le père est polygame, ça ne le gêne pas de se faire photographier avec ses deux femmes. En plus elles sont voilées. Au Togo aussi, maintenant, les femmes portent le voile ? Allez, Pascale. Donne-moi le dossier suivant. »

Asmaou a 13 ans. Il vit en Algérie. L'adolescent, petit et maigre, mais au beau visage, est, selon ses parents, « très intelligent ». Il aime l'école. Il veut, sans doute, poursuivre ses études. Il n'est pas sûr de vivre deux années de plus. À regarder les clichés adressés par sa famille à Mécénat, Francine Leca s'aperçoit, en effet, que sa valve aortique et sa valve mitrale sont toutes les deux très abîmées. La valve mitrale sépare l'oreillette et le ventricule – et si elle fonctionne mal, le sang « reflue » de l'une à l'autre. La valve aortique, c'est celle qui est située à la sortie du ventricule gauche, à l'origine de l'aorte, et qui s'ouvre à chaque battement de cœur.

Elle peut être comparée à la soupape d'un moteur – si elle est déficiente, celui-ci s'abîme rapidement.

— Il a déjà une surcharge gauche[1], dit la chirurgienne. Je n'aime pas ça. Mais un changement de valves à son âge... Si on lui met des bioprothèses, ça va se calcifier très vite. Si on lui met des valves mécaniques, il va lui falloir un traitement anticoagulant. Dans les deux cas, c'est compliqué. Si ça pouvait attendre un peu, tout ça, ce serait quand même mieux... On va envoyer un mot à la famille, pour leur demander de le faire surveiller très régulièrement. Au moindre doute, on le fait venir. »

Comme elle fera venir, quand il le faudra, Ange, 9 mois, qui porte bien son nom sur son visage ; Stéphane, 5 ans et demi, dont le cœur a – encore – un volume normal ; Abdel, 2 ans, dont la dernière consultation est tout à fait rassurante ; et Fatoumata, petite fille grassouillette d'un an et demi, que Francine « ne sent pas très malade ».

Dans la cour, derrière Francine Leca, il fait sombre, déjà. Les bureaux sont vides. Il ne reste plus qu'un dossier, celui d'un enfant adressé par le Dr Pluquailec, un médecin franco-laotien venu faire ses études sur notre sol. Il y est resté et s'est établi à Arles. Mais il n'a pas pour autant oublié son pays natal, où il retourne régulièrement pour des consultations. Il essaie, également, de former des médecins généralistes dans les dif-

1. Le ventricule gauche, du fait de son mauvais fonctionnement, est surchargé de sang, et s'épuise.

férentes provinces du pays, et effectue des tournées dans les endroits reculés. C'est ainsi qu'il a croisé le chemin de Do, qui habite au village de Champassak, lieu quasi inaccessible pendant la saison des pluies. Il s'y est rendu avec son matériel, un échodopler pesant plus de 40 kilos. Faute de pouvoir utiliser sa voiture pour aller jusqu'au village, il a dû le porter à la main sur de nombreux kilomètres. Mais ni la distance ni la pluie qui tombe dru ne sont de nature à l'arrêter. Il est finalement arrivé au village, éreinté, pour trouver Do allongée sur une natte, le visage violet, le souffle court. Une petite fille mourante, ou presque.

— Elle souffre d'une tétralogie de Fallot avancée, dit Francine Leca, qui termine de lire le compte rendu de l'échographie. Pluquailec dit qu'il faut la faire venir en urgence. Il a raison. Allez, on va la faire opérer le plus vite possible.

IV.

Les laisser partir

Les dossiers blancs, enfin complets et visés par Francine Leca, ont changé de couleur et d'emplacement. Leur chemise est désormais jaune. Ils portent le nom d'un hôpital et d'une période d'arrivée. Et ils sont soigneusement alignés, les uns contre les autres, derrière le bureau d'Émeline, qui doit – et ce n'est pas une mince affaire – veiller à ce que chaque enfant « programmé » soit titulaire des documents lui permettant d'entrer dans l'espace Schengen.

En France, obtenir un passeport prend en moyenne dix jours. En Afrique, il faut parfois plusieurs mois. Car, sur ce continent comme sur d'autres, plus de 20 millions d'enfants grandissent sans avoir été déclarés à l'état civil[1]. Superstition ou négligence, isolement de la famille ou simple oubli, pour réparer l'erreur, il faut alors s'atteler à des démarches administratives longues

1. Source : troisième conférence des ministres africains en charge de l'état civil.

et compliquées – des semaines passées en trajets et en attentes interminables. À chaque étape de ce marathon, Émeline est là pour guider, conseiller, aider, renseigner, par mail ou par téléphone, les familles et les médecins référents : papiers nécessaires, moyen de les obtenir, itinéraires, horaires, etc. Et elle recommence quand, l'état civil enfin établi, il faut reprendre le chemin des mairies ou des préfectures. Parfois, celles-ci sont à des jours de route du domicile familial. L'argent nécessaire pour réaliser les photos d'identité au bon format manque la plupart du temps. Et les autorités administratives, quant à elles, sont parfois défaillantes.

Souleymane a 4 ans. Il vit à Magnabouyou, un quartier de Bamako, au Mali. Selon son père, le petit garçon a eu « *une enfance si difficile qu'on ne croyait pas qu'il allait survivre* ». Il y a pourtant réussi, et il a maintenant un bon espoir de guérir, puisque l'association Mécénat chirurgie cardiaque a accepté de le prendre en charge. En ce mois de février 2015, une date opératoire est enfin fixée. Émeline prévient donc ses parents qu'il leur faut accélérer les démarches pour l'obtention de son passeport, et leur propose son aide. Malheureusement, à cette époque, obtenir un passeport au Mali est quasi impossible. « Faute d'une administration efficace et victime de fonctionnaires peu scrupuleux, préoccupés par le gain facile, le pauvre citoyen malien est contraint de se lever au chant du coq pour aller faire la queue devant la direction de la police des frontières pour entrer en possession de son passeport. Certains y passent des semaines, voire des mois, sans avoir gain de cause » écrit le journal *Notre Nation*[1]. Et d'ajouter : « Cette pénurie a favorisé une atmosphère ambiante de corruption qui a permis la mise en place de vastes réseaux au sein de la police avec de grandes complicités [...]. Sans vergogne et sans scrupule, ils ont mis en place des dispositifs qui contraignent les populations croupissant sous le poids de la misère, du chômage et de la cherté de la vie à payer très cher pour avoir ce document. »[2] Malgré l'insistance de ses parents, Souleymane n'obtiendra pas son passeport à temps. Il ne montera pas dans l'avion qui devait l'amener en France.

Après le passeport, le visa. Sa délivrance, contrairement à ce que l'on pourrait imaginer, ne pose guère de problèmes – même si Émeline, toujours elle, doit parfois guider par téléphone un parent perdu dans les couloirs d'une ambassade ou d'un consulat, et demander à parler elle-même à son interlocuteur. En vingt ans, Mécénat a assis sa réputation. Les enfants qui entrent sur le territoire français sous son égide en ressortent tous, et regagnent leur pays natal – une règle qui ne souffre pas d'exception. Qui demande un visa par l'intermédiaire de l'association l'obtient donc.

Mais même une fois ces deux documents obtenus, les choses restent parfois compliquées. Un passeport, Momodou Lamin, 5 ans, en avait un. La France lui

1. 31 juillet 2015.

2. Depuis, le gouvernement malien a pris des mesures concrètes pour régler autant que faire se peut le problème.

avait également accordé son visa. Le gouvernement gambien a néanmoins refusé par deux fois, en 2012 et 2013, de le laisser sortir du territoire. Il a fallu deux années d'efforts à la cellule médicale de l'association pour parvenir, enfin, à débloquer la situation. Pour certains enfants venant des Philippines, la bataille est rude aussi. Et Phone, qui jouait avec son camion dans la salle d'attente au début de cet ouvrage et qui profite désormais de son cœur totalement réparé, a bien failli ne jamais quitter la Birmanie…

On le sait. Ce grand pays d'Asie du Sud-Est est l'un des derniers à se dire communiste. C'est aussi l'un des plus pauvres au monde et l'OMS évalue son système de santé comme l'un des plus défectueux de la planète. Voilà pourquoi Francine Leca et Patrice Roynette décident, en 2014, d'y envoyer une équipe, afin de prendre contact avec les médecins locaux et d'évaluer les besoins du pays en matière de chirurgie cardiaque pédiatrique.

Cette mission n'est pas une première, loin de là : travailler avec une cinquantaine de pays nécessite en effet de comprendre les problématiques locales et d'entretenir des relations régulières avec les médecins référents. Des membres de Mécénat se sont déjà rendus à de nombreuses reprises au Sénégal, au Togo, en Côte d'Ivoire, au Mali, aux Comores, en Gambie, en Guinée Bissau, ou encore en Haïti.

Mais la Birmanie, c'est une autre histoire. Pays fermé, junte militaire au pouvoir : il est difficile d'y nouer des contacts et encore plus d'y entrer. Par chance, Patrice Roynette connaît bien un homme qui a réussi à s'y implanter et y vit la moitié du temps au moins. Comme Patrice Roynette, c'est un « voileux », passionné de bateau et de mer. Comme Patrice Roynette, il a la fibre humanitaire. Il a même décidé de créer une petite ONG en Birmanie, pays dont il parle la langue. À bord d'un bateau hôpital, il sillonne les côtes, allant d'île en île pour distribuer des médicaments aux populations les plus pauvres et les plus isolées. Il dirige aussi une petite agence de voyages basée à Rangoon. Rien d'étonnant, donc, à ce que Patrice lui demande de devenir le correspondant de Mécénat sur place.

Mars 2014. Après dix-huit heures de vol, Patrice et Sophie Roynette arrivent dans une capitale birmane étouffant sous la chaleur. Martine et Daniel Blanlœil, bénévoles chargés du parrainage scolaire, et Alain Chantepie, cardio-pédiatre à Tours, ont voyagé en leur compagnie. Le cardio-pédiatre Khin Maung Oo et la chirurgienne Win Win Kiav les attendent au Yankin Children Hospital, pour trois jours de consultations et d'échanges. À cette occasion, de très nombreux enfants birmans sont examinés par le Dr Chantepie, pendant que Sophie Roynette et Martine Blanlœil font les clowns pour tenter de les dérider. Elles ont bien du mal : les petits Birmans sont à la fois très mal en point et très fermés devant les « diables étrangers » ! Tendresse et jeux aidant, certains d'entre eux finissent par esquisser un timide sourire. Les pieds nus, flottant dans un pyjama trop grand, les traits tirés, Phone, lui, ne se départ pas de son sérieux. Mais quand le Dr Chantepie place sur son torse l'embout de l'appareil d'échographie, il se laisse faire avec une docilité qui surprend, tournant même vers l'écran des yeux intrigués.

— Celui-là, il ne va pas trop falloir traîner pour le faire venir.

Sur l'écran, le cœur bat, ombre sombre trouée de bleu et de rouge, couleurs signalant les malformations cardiaques. Celle dont souffre Phone est grave, mais réparable. Il faut simplement intervenir avant que son ventricule gauche, qui commence déjà à souffrir, ne se dilate totalement. À ce stade, il n'y aura plus de retour en arrière possible. Le petit garçon sera en insuffisance cardiaque. Phone est donc inclus, en bonne place, dans la liste des enfants à faire venir d'urgence. Francine valide leur dossier, reste maintenant à les faire sortir de leur pays.

Dans un premier temps, les autorités birmanes se montrent intraitables. Des mois s'écouleront avant que Phone ne soit enfin autorisé à venir en France. Avec lui, huit autres enfants pourront être opérés. Depuis, les autres attendent le feu vert de la junte. Sans savoir si, un jour, ils réussiront à l'obtenir.

Laisser partir les enfants... Un marathon administratif, mais aussi une vraie épreuve émotionnelle pour les parents, partagés entre joie et détresse. Depuis des semaines, voire des mois pour certains, ils multiplient les démarches dans l'espoir de voir leur enfant opéré. À présent, si près du but, ils doutent parfois. Bien sûr, on les a prévenus qu'ils ne seraient pas du voyage. Ils comprennent bien pour quelles raisons. Le visa, d'abord, ce fameux visa pour Schengen, qui ne leur serait sans doute pas accordé. Puis l'hébergement, en France, et la nourriture, dont Mécénat chirurgie cardiaque ne peut pas se charger. Ils ont accepté, tant bien que mal, les conditions qu'on leur proposait. Mais à présent, ils vacillent. Leur fils, leur fille, parfois si jeune, parfois même à peine sevré, va partir seul, pour subir une intervention chirurgicale éprouvante. Ils ne seront pas à ses côtés quand il faudra l'emmener à l'hôpital. Ils ne dormiront pas près de lui, la nuit précédant l'intervention. Ils ne seront pas là, non plus, à son réveil. Il va avoir mal, sans eux, pleurer, sans eux, mourir, peut-être. Sans eux. Bien sûr, ils auront des nouvelles. Mais ils ne pourront pas parler directement à leur enfant. Émeline et Tiphaine leur ont expliqué qu'il devait s'adapter à sa famille d'accueil, et que c'était plus facile s'ils coupaient tout contact avec lui. Par expérience, elles savent que les enfants ont une capacité d'intégration à nulle autre pareille. Loin de leurs parents, choyés par leur famille d'accueil, ils vont, peu à peu, se faire à leur nouvelle vie. Un téléphone du pays, et tout risque d'être remis en question. Mieux vaut s'en passer, même si c'est difficile. Les familles, elles, auront régulièrement des nouvelles et des photos. Elles connaîtront, quasiment jour par jour, leur emploi du temps et leurs activités. Un moyen d'attendre leur retour sans trop désespérer… « Ayez confiance, ont-elles ajouté. Leurs parents d'accueil prendront soin d'eux comme de leurs propres enfants. »

Tout de même. C'est avec une lourde boule dans le ventre que l'on boucle leurs bagages. Certains n'emportent que très peu de chose : une serviette de toilette, un shampoing, deux pantalons, deux T-shirts et la nourriture qu'ils aiment, chips et bananes, sucettes et gâteaux au chocolat. D'autres, au contraire, alignent une garde-robe complète, jeans tout neufs, jogging de couleurs vives, pulls de coton, pyjamas molletonnés, robes pailletées et chaussettes roses à volant pour les filles.

Parfois, les parents glissent dans leur valise une lettre destinée à la famille d'accueil – des missives décrivant par le menu la vie de leur fils ou de leur fille en une brassée de détails où percent à la fois l'amour et l'inquiétude. *« Issa se réveille à 4 heures du matin. Il tète les seins. Il joue au lit, s'endort. Il se réveille vers 7 heures du matin. Il tète de nouveau, s'endort. Il prend un biberon vers 9 heures, de 180 ml. Il se promène dans la cour. Il aime jouer avec son nounours. Vers 12 heures, il mange un potage avec des légumes et des fruits. Il faut une sieste. À 16 heures, il prend son biberon. Ensuite, je lui donne un bain. Il tète les seins. Il dort. À 20 heures, il a un potage de légumes. Il dort avec les parents. Il vomit souvent. Il tousse dès qu'il sent un parfum. Il aime regarder la télévision. Il aime être porté. Il n'aime pas le bruit quand il dort, mais tolère la musique. »*

« Dorinta se réveille tôt et dérange sa maman pour prendre son petit déjeuner. Il varie d'un jour à l'autre selon le disponible. Ensuite l'enfant cherche à voir les camarades du voisinage pour commencer les amusements.

Dans ces amusements, l'enfant se salit avec la terre. Après, il est fatigué sa maman le lave. Il prend le dîner et il dort puis se réveille pour demander de l'eau à boire. Notons que l'enfant fait pie-pie au cours de la nuit au lit. »

« Quand elle se lève le matin, la petite fille, le petit déjeuner elle mange pas. On lui donne du lait et des jus d'orange. À partir de 8 heures 30 minutes, quand le soleil de vin chaud, elle transpire beaucoup et elle commence à pleurer elle a la douleur au cœur et on la met dans un coin fraîche et elle se calme. »

« Elle est très matinale, elle aime beaucoup de café au lait, elle passe la majeure partie de son temps devant la télévision puisque à cause de ses crises nous avons préféré qu'elle arrête les cours. Elle refuse souvent de manger, mais elle adore les pâtes. Pour le goûter elle prend de la bouillie de mil mais on en trouve pas chez vous. Le soir elle a le sommeil facile. C'est une enfant très douce et intelligente, je sais que vous allez l'adorer d'autant que vous avez un cœur en or pour prendre un enfant que vous ne connaissez pas chez vous, et même si je ne vous connais pas, je prie toujours le bon Dieu qu'il exauce toutes vos prières. Ma famille et moi nous vous remercions pour tout ce que vous faites pour nous sans nous connaître, merci, merci. »

« En acceptant notre enfant au sein de votre famille, vous nous faites un grand honneur. »

Parfois aussi, la valise contient de petits cadeaux : boubous colorés, paquets de café ou de thé, statuette en bois, peintures naïves représentant des paysages tropicaux, colliers de coquillages. Les parents joignent, aussi, quand ils le peuvent, des photos de leur famille posant, l'air solennel, l'enfant malade dans les bras, et un petit mot indiquant leurs coordonnées téléphoniques ou leur mail. On les a prévenus, pourtant. Mais, c'est humain, ils espèrent que la famille d'accueil, transgressant la règle établie par Mécénat, décrochera son téléphone ou enverra un message.

À la veille de leur départ, on l'imagine, les enfants sont tristes ou anxieux. Ils ne disent rien ou protestent, au contraire, pour se heurter au visage buté du père, aux larmes de la mère. D'ailleurs, comment se préparer vraiment à ce qui va arriver ? Ce pays étranger, cette famille qu'on ne connaît pas, ces hôpitaux aux murs trop clairs, et ce petit matin qui vous cueille à demi endormi mais encore conscient, pour entrer au bloc opératoire ?

À la maison, tout a l'air normal. Il fait chaud et moite. Ou, au contraire, très froid. Ça sent la cuisine, la mère met la dernière main au repas, riz ou semoule, viande grillée ou tajine, oignons relevés dans une sauce rouge accompagnant un poulet, pommes de terre cuites et accommodées d'épices. Le père ne va pas tarder à rentrer. Le dernier-né pleure. On partage le dernier repas en famille. Les petits tètent leur mère, il aurait fallu les sevrer, l'association l'a demandé, mais comment sevrer un bébé quand on n'a pas de quoi payer le lait en poudre ? Un jeu, encore, il faut aller se coucher. Ce soir, la chambre paraît terriblement hospitalière. Ils s'étendent auprès de leurs parents et de leurs frères et sœurs, ils n'ont jamais dormi seuls, les petits se blottissent contre leur mère, peau à peau, corps à corps. Certains ferment les yeux. D'autres veillent, jusqu'au petit matin. L'aube les trouve debout. Ils quittent leur maison. La porte se ferme derrière eux. Ils sont dehors, sous le soleil brûlant ou la pluie, la neige et le froid. Ils ont mis leurs plus beaux habits, certains ont, pour l'occasion, enfilé des baskets qui blessent leurs pieds, habitués à être nus. Il faut gagner l'aéroport. Pour ceux qui sont proches de la capitale, il n'y aura pas trop de problèmes. Pour d'autres, cela sera bien plus difficile...

V.

L'envolée

Car ils sont parfois si loin de l'aéroport, les enfants de Mécénat. Bruno, 15 ans, habite Bekly, minuscule village situé au sud de Madagascar. Pour se rendre à Tananarive, il doit parcourir 600 kilomètres : 300 sur des pistes, 300 ensuite, sur une route goudronnée. Il n'y a aucun transport en commun, ni train, ni bus – seulement des taxis-brousse. Carmelo, 9 ans, quitte sa mère qui l'élève dans la province de Toamasine, au sud-est de l'île ; 358 kilomètres le séparent de la capitale malgache, tout comme Fanapera, 8 ans. Melad, 2 ans, vit à Damas. Il doit embarquer pour Paris à Beyrouth, la capitale du Liban. Mais auparavant, il lui faudra franchir la frontière à Masnaa, dans un froid glacial, et au milieu d'un flot de réfugiés. Les contrôles sont renforcés, les policiers font la moue. Passera-t-il ? Ou pas ? Sa vie dépend de leur humeur – elle ne tenait déjà qu'à un fil.

Mourad, 6 ans, vient du fin fond de la Kabylie. Pour descendre de la montagne où se niche son village, un seul chemin, un sentier semé de congères. À droite la roche, gelée par un froid intense, à gauche le précipice, et ce vent glacé qui fait perdre la respiration. Son père l'a pris sur ses épaules, il est léger et pourtant si lourd. L'homme avance avec précaution, un pas après l'autre, dérape, se redresse, vacille. Une fois en bas il faudra, encore, prendre la route jusqu'à Alger. Normalement, son frère doit l'attendre au plus proche village – du moins l'espère-t-il. Mourad a froid, sa tête ballotte, il geint. Ils avancent.

Moukda, 7 ans et demi, est né à Sekon, dans le sud du Laos. La route de terre qui y mène est impraticable à la saison des pluies. Sa mère appréhendait de l'emmener à Vientiane pour de simples examens, elle doit s'y résigner aujourd'hui. Pas d'averses, mais une chaleur de four. La voiture empruntée pour l'occasion peine à avancer. Moukda a du mal à respirer. Il boit, au goulot, les dernières gouttes de la bouteille d'eau.

Fana, un an, est attendue à Niamey, la capitale du Niger. Elle vit à 900 kilomètres de là, à Zinder, vieille ville aux maisons décorées témoins de l'architecture Haoussa, et aux remparts impressionnants. Les parents de cette petite fille fragile doivent emprunter la N1, qui traverse un paysage rocheux et rocailleux, planté d'une végétation disséminée qui se fait de plus en plus rare, avant de longer la frontière nigériane et d'entrer dans la vallée verdoyante du Dallol Bosso, l'une des principales rivières du pays. Accrochée au sein de sa mère, Fana somnole, mais ses lèvres bleues à en être violettes signent son malaise. Enfin, au moment où le désert redevient maître, rouge et rocheux, elle s'endort, gouttelettes de sueur sur le front, main gentiment posée sur le sein de sa mère. Là-bas, au loin, on aperçoit les bidonvilles de Niamey.

Les parents de Mahamoudou, 8 mois, se sont levés très tôt, ce matin. 345 kilomètres les séparent de Bamako, la capitale du Mali. Il leur faudra au moins dix heures pour y arriver, au prix d'une crevaison.

Grace, 2 ans et demi, quitte Magba, commune rurale et forestière située au nord-ouest du Cameroun, près du fleuve M'Bam. 312 kilomètres seulement la séparent de Yaoundé, la capitale. Il faut en théorie cinq heures trente pour les parcourir, mais plus du double en réalité, en suivant une piste de terre, puis de latérite, traversant la savane, puis des forêts primitives. Les paysages sont somptueux, la circulation intense, la route dangereuse. Grace sourit.

Do, la protégée du Dr Alphonse Pluquailec, a quitté son village de Champassak, au Vietnam, et commencé son long périple pour arriver jusqu'à la capitale.

Là-bas, à l'aéroport, les convoyeurs chargés d'accompagner ces enfants jusqu'à la France attendent leur arrivée.

Au tout début, il y a vingt ans, les enfants pris en charge par Mécénat voyageaient seuls. À l'aller, les parents se chargeaient de trouver une âme charitable qui accepte de s'occuper d'eux. Au retour, c'étaient les familles d'accueil qui s'y employaient. Certaines d'entre elles se souviennent encore s'être présentées au comptoir de la compagnie Air Moldavia et d'y avoir abordé les voyageurs en partance. La plupart acceptaient de veiller sur l'enfant qui leur était confié, aidés par un personnel de bord attentionné. Mais Pascale Grais a très vite compris que ce système n'allait pas pouvoir perdurer. Trop d'enfants arrivaient et repartaient, les tout-petits étaient de plus en plus nombreux, venaient de pays de plus en plus éloignés. Les faire voyager sans accompagnateur devenait quasi impossible. L'une de ses collègues de l'hôpital Laënnec, voyant son embarras, lui a alors suggéré de prendre contact avec les bénévoles d'Aviation sans frontières.

Nous sommes en 1968. Les barricades de mai sont loin, déjà. Le quartier Latin a retrouvé son calme. Les ouvriers ont regagné leurs usines. Dans les écoles et les universités, on enseigne à nouveau. Et si une poignée de « maos » parlent de continuer la lutte, la plupart sont rentrés dans le rang. Là-bas, en Afrique, une guerre fait rage : le Biafra, province sécessionniste, est encerclé par l'armée fédérale nigériane. Pris dans la nasse, des centaines de milliers de civils sont victimes de la famine. Des femmes, des hommes, des enfants au corps décharné, aux yeux immenses creusés de cernes noirs. Leurs photos provoquent le sursaut de la communauté internationale et déclenchent une aide humanitaire d'une rare ampleur. Bernard Kouchner se porte volontaire et se rend sur place pour opérer à tour de bras. Dans la foulée, il créera Médecins sans frontières. De leur côté, des pilotes et des mécaniciens d'Air France décident d'organiser une opération de survie, grâce à un pont aérien. Douze ans plus tard, en 1980, Aviation sans frontières voit le jour.

L'ONG, reconnue d'utilité publique, dispose de ses propres avions, des Cessna Caravan basés en Afrique. Grâce à eux, elle apporte un soutien logistique à plus de cent quatre-vingts organisations partenaires. Aviation sans frontières achemine également des produits de première nécessité en faveur des populations les plus démunies et, grâce à son réseau de bénévoles, accompagne chaque année des centaines d'enfants en urgence de soins, pour les faire opérer en Europe. Parmi eux, les protégés de Mécénat chirurgie cardiaque, pour qui l'envol signe le vrai « top départ ».

Vientiane. Jean-Paul et Jean-Pierre, les convoyeurs de Do et Sipaseuh, son petit compagnon de voyage, qui doit lui aussi être opéré à Paris, sont arrivés dans la capitale laotienne juste au moment de la fête d'Ok Phansa, symbolisant la sortie du carême bouddhiste, célébrée à la fin de la saison des pluies. Les pagodes sont illuminées, les habitants déposent sur les eaux du Mékong des dizaines de petites embarcations faites de feuilles et de fleurs, au milieu desquelles scintille une bougie. Des milliers de lumières glissent ainsi sur les eaux sombres du fleuve, un spectacle féerique, qui accompagne les concerts et les fêtes foraines. Mais Jean-Paul et Jean-Pierre n'ont que peu de temps pour profiter de l'événement : ils doivent rencontrer le Dr Alphonse Pluquailec et les deux enfants qu'ils vont prendre en charge. Ils sont arrivés à Vientiane, eux aussi, après leur long voyage.

Sipaseuh, qui souffre d'un canal artériel, n'est pas en trop mauvais état. En revanche, le teint gris de Do, sa toux caverneuse sont de mauvais augure. La fillette est sous antibiotiques à cause d'une mauvaise bronchite. Comment va-t-elle supporter le vol qui doit l'emmener jusqu'à Paris, via Bangkok, où l'escale est longue ? Le Dr Pluquailec reste optimiste, mais le premier contact avec les convoyeurs est difficile. Blottis dans les bras de leurs parents respectifs, Do et Sipaseuh pleurent dès que l'un d'eux fait mine de les approcher.

Le lendemain, à leur arrivée à l'aéroport, ils sont plus calmes. Jean-Paul peut caler Do dans le porte-bébé qu'il a apporté de France, tandis que Jean-Pierre s'occupe de Sipaseuh. Quelques minutes plus tard, le vol pour Bangkok est annoncé. Cette fois, il faut partir. Un dernier baiser et les convoyeurs tournent les talons, portant des enfants en pleurs, tendant les bras vers leurs parents. Ceux-ci les regardent s'éloigner. Déjà, les convoyeurs montrent les passeports aux douaniers. Quelques pas de plus et ils sont hors de vue. Dehors, le ciel est d'un grand bleu, et la température, étouffante. À quelques dizaines de mètres, sur le tarmac, l'avion attend.

Bangkok. Les convoyeurs, les enfants dans leurs bras, se dirigent vers la salle de transit dans laquelle ils doivent patienter deux heures avant d'embarquer pour Paris. Autour d'eux, l'aéroport international ressemble à une fourmilière. Plusieurs étages, des dizaines de boutiques, des fragrances de nourriture, des gens qui vont et viennent par grappes, des lumières crues, et ces voix synthétiques qui, par haut-parleurs interposés, n'en finissent plus d'appeler les voyageurs à embarquer. Do et Sipaseuh, qui n'ont jamais connu que leur village et ses maisons de bois sur pilotis, hurlent de concert. Les convoyeurs sortent les couches et les biberons. Entre change et nourriture, le temps passe. Do s'endort, nichée contre Jean-Paul. Sipaseuh, lui, s'agrippe à Jean-Pierre. Les deux petits ne sont en compagnie de leurs accompagnateurs que depuis quelques heures mais, déjà, ils sont devenus leurs repères. Là-bas, à Vientiane, les familles s'inquiètent. Elles ne devraient pas. La capacité d'adaptation des petits est immense.

6 heures 30 du matin. L'avion commence sa descente sur Roissy. Au même moment, Nicole patiente en salle d'embarquement. La convoyeuse, ancienne employée d'Air France, est en partance pour Cotonou, où l'attend Tobi, 10 mois. Elle y arrivera à 20 heures. Le Dr Bagnan, correspondant local de Mécénat, l'attendra avec le bébé. Tobi, surpris, se mettra à pleurer lorsqu'elle le prendra dans ses bras. À l'atterrissage à Charles-de-Gaulle, il se sera calmé. Mais il recommencera à protester quand Nicole le confiera à Arlette, qui doit l'emmener à Strasbourg, sa destination finale.

Le lendemain, Dominique ira chercher la petite Hillary, 3 ans, qui rentre chez elle guérie, après son séjour à Bordeaux. Elles décolleront à 18 heures 25, pour atterrir à Paris à 19 heures 25. La convoyeuse hébergera la fillette chez elle, pour une nuit. Au matin, elle la ramènera à Roissy, où elle la confiera à Matthieu. Celui-ci récupérera, aussi, Ousmane,

19 mois, et Mamadou, 6 ans, amenés par leurs familles d'accueil respectives. Direction Dakar, avec l'aide d'Odile, qui prendra le bébé en charge, tandis qu'il s'occupera des deux plus grands. Huit heures de vol, passées, une fois n'est pas coutume, en première classe – le personnel, ému par les enfants, leur aura fait cette faveur. Hillary fera rire tout le monde en faisant des grimaces, Mamadou sera plongé dans un jeu vidéo, Ousmane babillera. À Dakar, les familles d'Hillary, Ousmane et Mamadou seront déjà là, qui les attendent.

Matthieu et Odile n'auront guère le temps de profiter du bonheur des retrouvailles. Quelques photos, un au revoir, un dernier signe de la main, et les convoyeurs repartiront déjà en direction de Paris avec Sérigné, 21 mois, et N'Dyada, 19 mois. Au cours du vol de nuit, les deux enfants dormiront à poings fermés. À Roissy, Marie-Odile et Geneviève les emmèneront jusqu'à Toulouse, leur destination finale.

Ainsi vont les convoyeurs, d'un enfant à l'autre, d'un aéroport à l'autre, d'une famille à l'autre. Le plus souvent, tout se passe bien, même si à l'aéroport les séparations sont parfois difficiles.

Juin 2014. Il est 10 heures 15, à Beyrouth. Melad, un petit Syrien de 2 ans, et sa mère, Mina, arrivent à l'aéroport. Ils ont réussi à fuir les combats faisant rage dans leur pays pour venir jusque-là. Le mari de Mina est resté à Damas. Melad est très malade : CAV complet, VDDI, malposition des gros vaisseaux, sténose pulmonaire, ont diagnostiqué les cardiologues. En langage de béotien : c'est un miracle si le cœur du petit garçon continue de battre. À Damas comme à Beyrouth, aucun chirurgien ne peut rien pour lui. Par l'intermédiaire de Médecins sans frontières, le dossier de Melad est arrivé sur le bureau de Francine Leca. En le parcourant, la chirurgienne a froncé les sourcils. Même en France, l'intervention que doit subir le petit garçon est risquée. Il y a d'ailleurs fort à parier qu'on ne puisse pas le guérir, mais seulement améliorer son état. Francine a longuement réfléchi. Sur le côté du dossier, la photo d'un garçonnet souriant, raie sur le côté et chemise bleu ciel à col ouvert.

— Les petits Syriens ont vraiment l'air de premiers de la classe, a-t-elle dit. Allez, on le fait venir.

En apprenant la nouvelle, Mina a d'abord été folle de joie. Puis, les jours passant, l'euphorie a laissé place à l'anxiété : comment Melad va-t-il réagir, séparé d'elle ? Et elle, comment va-t-elle supporter son absence ? Va-t-il revenir vivant ? Sera-t-elle encore là à son retour, dans cette Syrie à feu et à sang ?

À l'aéroport, Mina supplie le convoyeur de l'emmener avec son fils. Comme il refuse, elle insiste, scène terrible, elle éplorée, l'enfant hurlant, le convoyeur touché au cœur, mais ferme sur ses positions. Mina restera à Beyrouth.

Il s'appelle Ryan et il est âgé de 5 ans. Maigre à faire peur, bleu au point d'en être marine, il respire avec la plus grande difficulté. Il est incapable de marcher, ou même de tenir debout. Parfois, ses yeux se révulsent, sa tête part vers l'arrière et il perd conscience, l'espace de quelques secondes. Ces malaises, dits anoxiques, sont causés par le manque d'oxygène. Ils signent la nécessité impérieuse d'une intervention chirurgicale urgente. Et justement Ryan doit embarquer à bord du vol Alger-Paris, en compagnie de son convoyeur. Mais c'est compter sans les policiers de l'air et de la frontière algériens, qui estiment qu'il n'est pas en état de voler.

S'engage alors une véritable course contre la montre avant le départ de l'avion. Le convoyeur alerte Aviation sans frontières, qui prévient Mécénat. Francine Leca intervient immédiatement par téléphone. Elle assure aux autorités algériennes qu'elle prend la responsabilité de faire venir l'enfant en France, même si son état est très précaire. Pendant qu'elle argumente, l'heure tourne. Les passagers embarquent, un à un. Ils s'installent à bord. Le commandant et son équipage procèdent aux dernières vérifications avant le décollage. Ryan et le convoyeur, eux, sont toujours bloqués. La chirurgienne passe d'interlocuteur en interlocuteur, répétant sans cesse les mêmes phrases. Ryan doit prendre cet avion. Certes, il fait des malaises. Mais arriver jusqu'à Paris est désormais sa seule chance. Il survivra au vol. Et si tel n'est pas le cas, au moins, tout aura été tenté pour le sauver. Sur le tarmac, l'avion est toujours immobilisé. Les passagers, qui ne savent rien de ce qui se joue, là-bas, dans le bureau de la police de l'air, s'impatientent.

C'est le commandant de bord qui parvient finalement à dénouer la situation. Pour permettre à Ryan de supporter le voyage, il va voler le plus bas possible. Ainsi, le manque d'oxygène se fera moins sentir. Avisées, les autorités algériennes cèdent. Soulagée, Francine Leca raccroche son téléphone. L'enfant et son accompagnateur s'installent enfin sur les sièges qui leur sont réservés. Tout est prêt. L'avion se met à rouler doucement, puis de plus en plus vite, sur la piste. Et enfin, il décolle. Cinq heures plus tard, Ryan arrive à bon port. Vivant. Il sera opéré et sauvé.

Nour a 18 mois et elle est, aussi, de nationalité algérienne. Souffrant d'une tétralogie de Fallot, elle est hospitalisée depuis des mois. Recroquevillée sur elle-même en position fœtale, elle ne bouge que le moins possible, consciente, malgré son jeune âge, que le moindre geste peut provoquer un malaise. Quand, enfin, le feu vert de Mécénat arrive, Nour est à bout de souffle. Avertie, Francine Leca prend, une fois encore, le risque de la faire venir en France. Le voyage sera à haut risque, mais c'est sa seule chance de survie. Pour « sécuriser » le vol au maximum, Aviation sans frontières envoie une ancienne infirmière la chercher à Skikda, sa ville natale. Martine, aujourd'hui à la retraite, a travaillé dans un service de réanimation pédiatrique. Elle saura quoi faire si les choses tournent mal.

18 novembre 2010. La coupe du monde de football bat son plein. C'est un jour décisif pour les Algériens, qui doivent rencontrer les Égyptiens au stade Al-Merreikh d'Omdurman, dans la banlieue de Khartoum. Le vainqueur sera qualifié pour la phase

finale. Air Algérie a mobilisé l'essentiel de sa flotte pour acheminer les supporters. Une catastrophe pour la convoyeuse de Nour : faute d'avion, elle doit en effet patienter à Skikda, la petite dans les bras. Il lui faudra attendre dix heures avant de pouvoir enfin embarquer. Dix heures longues et fébriles, à vérifier que l'enfant qu'elle serre contre son cœur respire encore. Là-bas, à Orly, Brigitte et Raphaël, les parents d'accueil, attendent eux aussi, les yeux rivés sur les tableaux d'affichage des vols. À chaque heure, l'avion de la fillette est retardé d'une heure. Elle devait arriver à midi. Il est 15 heures. Puis 16 heures. Puis 17 heures. C'est d'autant plus grave qu'ils se sont engagés à amener Nour à l'hôpital de Massy dès son arrivée. Compte tenu de son état, la fillette doit être admise en réanimation et opérée dès le lendemain. Si son avion décolle, bien sûr. Derrière les comptoirs, les employés d'Air Algérie suivent le match, hurlant leur joie à chaque action de leur équipe. Au moment où le coup de sifflet de l'arbitre sonne la fin de la rencontre, c'est du délire. L'Algérie a gagné, elle est qualifiée 1 à zéro…

20 heures 30. Enfin ! L'avion se pose. Mais il faut attendre encore trente bonnes minutes avant que Martine apparaisse. Elle tient toujours Nour serrée contre elle. L'enfant, vêtue d'une combinaison orange, respire avec difficulté et regarde avec défiance sa maman d'accueil qui s'approche d'elle. Il ne faut surtout pas qu'elle pleure, tous le savent. Alors, après

quelques minutes d'attente, la convoyeuse et la maman d'accueil se placent côte à côte et, lentement, Martine fait glisser la petite de ses bras à ceux de Brigitte.

Elle a terminé son difficile convoyage. C'est maintenant à la famille d'accueil de jouer.

VI.

Arrivées

Il est plus que temps, à présent, de parler de tous ceux et celles sans lesquels Mécénat chirurgie cardiaque ne pourrait accomplir sa mission, ces quelque trois cent cinquante familles françaises entièrement bénévoles qui en sont les rouages essentiels, puisque c'est sur elles que repose la plus grande partie du séjour des petits malades sur notre territoire[1]. Ces familles ne se contentent pas, en effet, d'aller les chercher à l'aéroport et de les accueillir chez elles : ce sont elles qui les accompagnent à chacun de leurs rendez-vous médicaux – et ils sont nombreux – ; elles encore qui leur tiennent la main avant leur opération ; elles, toujours, qui veillent sur leur convalescence comme elles le feraient pour leur propre enfant.

Un annuaire, confectionné par l'association, en fait le compte. Qui sont-elles ? Nombre de retraités, bien

1. Pour des raisons de confidentialité, leurs noms de famille n'ont pas été cités, et leurs prénoms ont été modifiés.

sûr, mais aussi un rhumatologue, des avocats, un ingénieur, des médecins, des infirmières, un clerc de notaire, des commerçants, une conseillère Pôle emploi, des secrétaires, des institutrices, un éditeur – et la liste n'est bien sûr pas exhaustive. Quelques familles accueillent depuis la création de MCC, à raison de deux ou trois enfants par an. D'autres viennent de s'impliquer, et attendent le premier. D'autres encore sont « en sommeil » – elles ont retrouvé un emploi, un enfant est né, des parents âgés ont besoin de soins – mais susceptibles de reprendre leur rôle. Leur religion importe peu – l'une des mamans d'accueil, musulmane, porte un foulard. Mais toutes satisfont aux critères de l'association : avoir un casier judiciaire vierge, habiter Paris ou sa région, ou à proximité de l'un des centres hospitaliers de province accueillant les enfants, posséder un véhicule, et être disponible pendant au moins deux mois. Toutes ont, aussi, rencontré deux membres de l'équipe de Mécénat chirurgie cardiaque qui leur ont expliqué leur futur rôle, et ont évalué leur motivation.

— Il n'y a pas besoin d'être riche et d'avoir une belle maison pour devenir famille d'accueil, dit Francine Leca. La plupart des enfants que nous recevons sont issus de milieux socio-culturels très défavorisés. Souvent, ils dorment par terre. Peu importe donc, que les familles n'aient pas de chambre à leur proposer. Il faut seulement qu'elles aient l'envie.

La jeune femme brune – appelons-la Sylvie – peut avoir une quarantaine d'années. Petite, menue, de longs cheveux aux épaules, elle patiente dans la salle d'attente. Cette mère de trois enfants a vu, à la télévision, un reportage sur Mécénat chirurgie cardiaque. Sur l'écran, une petite Sénégalaise souriait dans les bras de sa maman d'accueil. Le journaliste racontait comment elle avait été opérée et guérie. Le plan suivant montrait la fillette sur une balançoire, riant aux éclats. Dans le jardin, un chien aboyait joyeusement. On devinait, plus loin, deux garçonnets jouant au ballon. Ce bonheur a touché Sylvie au cœur. Le lendemain, elle a téléphoné à Mécénat, demandé une entrevue. La voici face à Émeline.

C'est elle qui est en charge du premier entretien, qu'elle aborde avec gentillesse et professionnalisme. Pour avoir discuté avec son interlocutrice, au téléphone, elle sait déjà qui elle est, et dans quel cadre elle vit. Elle connaît, aussi, ses motivations. Pour commencer, elle présente donc l'association, ses différents intervenants, explique comment les enfants arrivent jusqu'en France. Elle parle, aussi, du réseau hospitalier et du centre de convalescence. Ensuite commencent les mises en garde. Un accueil ne correspond pas forcément à ce que Sylvie a vu à la télévision. Bien entendu, il y a de grands moments de bonheur. Mais les enfants viennent d'un autre continent, Afrique, Asie, Moyen-Orient. Les premiers temps, ils sont souvent déboussolés. Et, surtout, ils sont gravement malades. Il faut avoir avec eux de la patience, de la douceur, et de la fermeté. Puis, bien sûr, leur consacrer tout son temps, au cours des jours précédant l'intervention, à l'hôpital, et pendant la convalescence. Cela demande une infinie patience. Neuf fois sur dix, l'intervention chirurgicale se déroule bien. L'enfant se remet très vite. Mais parfois, les choses sont plus compliquées. Certains petits sont hospitalisés longtemps, d'autres doivent être réopérés. D'autres – peu nombreux, heureusement – n'arrivent pas au bout du chemin. Il faut s'y préparer. L'accueil d'un enfant, c'est beaucoup de bonheur, c'est vrai. Mais cela peut être source, aussi, d'une peine infinie. Certaines familles ne se remettent pas du départ de leur petit protégé. Il faut être sûr de pouvoir le laisser repartir. Ces enfants-là ont des parents, qui les attendent. On doit savoir les leur rendre sans pleurer.

Pour terminer, Émeline demande à Sylvie de réfléchir quelques jours avant de rappeler l'association. Si tout ce qu'elle vient de lui dire ne l'a pas découragée, elle aura un second entretien, avec Pascale Grais, cette fois. Et on lui confiera très vite un enfant, un petit garçon malien de trois ans et demi doit arriver à l'automne, il n'a personne, encore, pour veiller sur lui.

Quinze jours plus tard, même décor. Sylvie est là, de nouveau, dans la salle d'attente. Elle a longuement réfléchi, pesé le pour et le contre. Elle a parlé de son projet à son mari, cadre supérieur, et à leurs trois fils. Tous ont trouvé l'idée formidable – même si le plus jeune des garçons a fait une petite moue, quand elle a expliqué qu'il lui faudrait partager sa chambre et ses jouets avec le nouveau venu. Il s'est rasséréné quand elle lui a dit que ce n'était que pour deux mois. Avec l'accord de toute la famille, Sylvie a pris rendez-vous avec Pascale Grais.

De la salle où elles se trouvent, oasis de calme, elles n'entendent pas le téléphone qui sonne sans cesse, ni les allées et venues de l'équipe médicale. En ce moment, quarante enfants pris en charge par Mécénat sont sur le territoire français. Quarante petits à gérer, dont certains ne vont pas bien. Ciella, opérée depuis près de trois semaines maintenant, n'a toujours pas pu être extubée. Les réanimateurs qui s'occupent d'elle ne comprennent pas pour quelle raison elle ne peut se passer du respirateur artificiel qui la maintient en vie. Il faut attendre, disent-ils – mais Francine Leca est de plus en plus soucieuse. Aissatou, la petite grincheuse, a une énorme diarrhée, l'opération a dû être retardée. Sa famille d'accueil a bien du mal à supporter ses pleurs incessants. Bonne nouvelle, Phone ne devrait pas tarder à rentrer chez lui. Mais Sakira, après son intervention, a attrapé la grippe. Elle a du mal à se remettre et va peut-être devoir retourner au château des Côtes, pour être surveillée de près. Zeina, elle, va être réopérée. La première intervention n'a pas permis à son cœur de recommencer à fonctionner normalement. Il va falloir rouvrir, et tout recommencer, différemment. Elle redoute l'épreuve, voilà déjà plusieurs semaines qu'elle est là, quand, enfin, retrouva-t-elle sa famille ?

Dans la salle d'attente, Pascale Grais s'assied face à Sylvie.

— Vous êtes donc toujours d'accord pour devenir famille d'accueil, lui dit-elle. J'ai apporté le dossier du petit Bourad, dont Émeline vous a parlé, la dernière fois. Elle a dû vous le dire : il faudra, quand il arrivera, le prendre comme il est, avec ce que l'on connaît de lui – et l'on ne connaît pas grand-chose. On le découvrira ensemble, au fur et à mesure…

Pascale ouvre le dossier jaune posé devant elle, et en tire la photo d'un garçonnet au visage rond, aux grands yeux bordés de cils immenses, au sourire expressif. À côté de lui, une jeune femme vêtue d'un boubou sourit, elle aussi. Elle tend le cliché à Sylvie, qui s'en empare, et le regarde longuement.

— C'est un beau petit garçon, dit-elle, visiblement émue. Il est avec sa maman ?

— Oui. C'est une femme extraordinaire, qui s'est battue pour que nous le prenions en charge.

— Il n'y a pas de papa ?

— En tout cas, elle n'en parle pas.

— Il n'a pas l'air malade…

— Pour le moment, il supporte bien sa malformation. Il souffre d'un canal artériel qui peut, à long terme, abîmer ses poumons. L'intervention qui va être pratiquée est en quelque sorte préventive. Bourad ne sera pas opéré à cœur ouvert. Un simple cathétérisme réglera le problème. Au moins si le diagnostic est le bon…

— Ce n'est pas toujours le cas ?

— Au moment du bilan, en France, le diagnostic peut changer, même si cela arrive de moins en moins souvent.

— Et cela peut être plus grave ?

— Oui. Mais ce qui est sûr, c'est que Bourad ne fait pas partie des enfants dont la cardiopathie est inguérissable.

— Vous les prenez aussi ?

— Francine Leca estime que tant qu'on peut améliorer les choses, cela aide. L'enfant peut retrouver une vie quasiment normale, après la chirurgie. Mais parfois, aussi, on décide, au vu des examens pratiqués ici, qu'il vaut mieux ne pas toucher à sa malformation. Dans ce cas, on le renvoie chez lui. C'est le cas, en ce moment, pour un bébé de 18 mois. Sa famille d'accueil a eu du mal à l'accepter. Il faut vous préparer à ce cas de figure.

Pascale s'interrompt. Par la fenêtre, elle aperçoit Francine Leca qui traverse la cour pavée. La chirurgienne pousse la porte, d'une main droite libérée de son attelle. Reste à savoir quand elle pourra de nouveau opérer. Il faut qu'elle le lui demande, tout à l'heure, et qu'elle appelle l'hôpital Pompidou, où la chirurgienne intervient, pour confirmer ou décaler plusieurs dates déjà fixées.

— Il faut vous préparer, aussi, à passer beaucoup de temps dans les hôpitaux et au Château des Côtes, dit Pascale, revenant à son entretien. Vous serez traitée comme une maman ordinaire, Il n'y a pas de passe-droit pour les enfants de Mécénat ! Et personne ne vous dira : vous êtes formidable. Un accueil, c'est éprouvant sur bien des plans. Émotionnellement, d'abord. Physiquement, ensuite. Nous serons toujours à vos côtés. Si vous avez un doute sur le plan médical, vous pourrez nous téléphoner, de jour comme de nuit, sur un numéro d'urgence. Mais c'est vous qui serez auprès de l'enfant. Il faudra le gérer...

Pascale s'interrompt une nouvelle fois.

— Dernière chose, dit-elle. Émeline vous l'a dit, sans doute, mais je vous le répète. Un accueil, c'est une parenthèse. Il faut savoir la fermer. Bourad a une maman qui l'attend. Même si vous vous attachez l'un à l'autre, il vous faudra le lui rendre.

— Mais nous pourrons aller le voir chez lui ?

— Si vous le souhaitez, oui. Mais sa place est dans son pays, près de sa famille. Il vaut mieux, pour vous comme pour lui, qu'il ne revienne pas en France, même pour les vacances. Il ne faut pas qu'un enfant soit à cheval entre deux mondes, le sien et le nôtre.

Silence. Sylvie hoche la tête. Elle reprend la photo de Bourad entre ses mains, le regarde, une nouvelle fois, avec intensité.

— C'est d'accord, dit-elle. Quand est-ce qu'il arrive, exactement ?

Sylvie va donc accueillir pour la première fois. Les autres familles, elles, consultent la liste des enfants envoyée tous les deux mois par Mécénat, et qui apparaît dans leur boîte mail. Un tableau avec leur nom, leur prénom, leur sexe, leur âge et leurs poids, la nature de leur malformation, son degré de gravité – signalé par un, deux ou trois cœurs –, le nom de l'hôpital qui doit les prendre en charge, et la date à laquelle ils arriveront en France.

À quoi ressemblent-ils ? Qu'aiment-ils manger ? Quels sont leurs jeux favoris ? Vont-ils à l'école et, si oui, en quelle classe ? On s'interroge, on tente d'imaginer, on se raccroche aux moindres détails. Jean

Dadet vient du Gabon. À 16 ans, il ne pèse que 45 kilos. Il souffre d'une « IM ». Les familles d'accueil, très vite initiées, ont vite fait de déchiffrer l'acronyme. Insuffisance mitrale : cela veut dire plastie ou pose d'une valve mécanique et traitement anticoagulant. Seize ans et, dans ce dernier cas, les contraintes d'une médication quotidienne et de prises de sang régulières... Bérénice, qui est née au Bénin, a le même âge, celui de tous les possibles. Mais, visage bleu, souffle court, elle vit avec une tétralogie de Fallot. Behajaina, née en juillet 2014, est, à 8 mois, un minuscule bébé de 3 kilos, le poids moyen d'un nouveau-né français à la naissance. Sans doute dort-elle avec sa maman, peut-être n'est-elle pas sevrée. Mouhamed, qui vient du Sénégal, devrait échapper à l'intervention à cœur ouvert, et bénéficier d'un simple cathétérisme. Si tout va bien. Son séjour ne sera que de courte durée – en principe au moins. Quant à Djibril, 3 ans et demi, il est classé 3 cœurs, et souffre donc d'une pathologie grave. Il faut se préparer à un accueil plus compliqué.

De quel enfant s'occuper ? L'âge est un critère : certaines familles préfèrent les tout-petits, d'autres sont plus à l'aise avec les 5-10 ans. Le poids importe : il faut pouvoir porter un bébé ou un jeune enfant, ou même soutenir un adolescent qui, trop faible, a du mal à marcher, et monter les étages avec lui, le cas échéant. La gravité de l'intervention, l'hôpital où elle sera pratiquée, plus ou moins proche du domicile, font parfois la différence. La date d'arrivée est décisive : il faut être disponible au moins deux mois, donc pouvoir prendre des congés, poser des RTT, et, pour ceux qui sont grands-parents, cela signifie aussi consacrer moins de temps, pendant cette période, à ses propres petits-enfants. La période est importante : novembre signifie par exemple que les enfants seront là pour Noël.

Behajaina ou Mouhamed, Bérénice ou Mustafa ? Lorsque la décision est arrêtée, la famille envoie un mail à Émeline. Elle reçoit ensuite très vite la photo de celui ou de celle qui va partager sa vie pour huit semaines inoubliables. Le cliché n'est pas toujours de bonne qualité, mais les petits sont immanquablement vêtus de leurs plus beaux habits. Robes roses à volants pour les filles, cheveux soigneusement tressés, pantalon et chemise pour les garçons, gros plans sur les visages pour les bébés, qui fixent l'objectif, curieux. D'un seul coup, l'enfant virtuel du tableau prend corps. Behajaina est étendue dans un couffin, si maigre, les yeux trop grand dans un visage émacié à l'extrême ; Moussad pose, un rien boudeur ; Djibril est assis sur un petit vélo jaune, regard moqueur ; Bérénice joue les mannequins, T-shirt bleu électrique moulant et main sur la hanche. De quoi faire connaissance, mais aussi imaginer, rêver, et surtout anticiper, pendant les quelques semaines qui précèdent l'arrivée.

Mais les familles ne disposent pas toujours de ce délai. Certains enfants doivent en effet être accueillis en urgence : Jean-Jacques, qui arrive de Madagascar et n'a pas encore soufflé sa première bougie ; Rojo, qui va bientôt avoir 2 ans, et qui sera dans le même avion que lui ; et Amine, qui vient du Sénégal pour être réopérée. Émeline ne dispose que de quelques jours pour leur trouver une famille – alors même que les enfants déjà prévus n'ont pas encore tous un toit. L'association peut compter sur trois cents familles d'accueil en région parisienne, mais ce n'est pas toujours suffisant. Lorsque les propositions d'accueil tardent trop, Émeline envoie des SOS par mail, avant de décrocher son téléphone.

— Allô bonjour, c'est Émeline. Voilà, est-ce que vous pourriez…

5 heures 30. Depuis hier, il neige à gros flocons sur l'autoroute A1. Une épaisse couche de poudreuse s'est amoncelée sur les voies, les déneigeuses n'ont pas eu le temps de l'évacuer en totalité. Les voitures patinent, un camion est arrêté sur le bas-côté. Ça n'avance pas et, derrière leurs volants, les automobilistes commencent à s'énerver. Parmi eux, Élisabeth et Simon, famille qui a déjà accueilli deux enfants. Marie, 12 ans, venue du Burundi, a été pour eux une « enfant idéale ». Mais leur second protégé, Moussa, 8 ans, né au Sénégal, a eu de la peine à s'adapter. Pourtant même si les semaines passées auprès de lui ont été « éprouvantes », Élisabeth et Simon ont décidé de renouveler l'expérience. Dans moins de trois quarts d'heure, si la neige leur permet d'arriver à Roissy, ils prendront sous leur aile la toute petite Behajaina. À l'aéroport, une petite foule attend déjà l'arrivée du vol en provenance de Madagascar. Les traits tirés par un lever matinal, certains sont assis parmi la cinquantaine de sièges inconfortables situés en face des portes battantes par lesquelles, tout à l'heure,

sortiront les passagers. D'autres ont trouvé asile au bar, trois tables et quelques chaises, un comptoir derrière lequel sont présentées des viennoiseries, et une serveuse débordée qui fait marcher la machine à café avec dextérité. Parmi eux, Solange patiente, elle aussi. Elle a accepté, in extremis, de venir chercher Jean-Jacques et Rojo. Elle les gardera tous les deux huit jours, en attendant que Rojo retrouve sa « vraie » famille, qui n'était pas disponible pour le récupérer à la descente de l'avion. Deux enfants malades et si jeunes en même temps ? Solange a hésité un instant, puis elle s'est décidée. Impossible de compromettre une arrivée. Puis, un ou deux, quelle différence ? Ils se sentiront moins seuls, voilà tout.

Nombre de familles réagissent de la même manière. Peu de temps auparavant, Béatrice est allée, à la dernière minute, récupérer Sidi et Sofiane, deux jeunes Sénégalais arrivant à l'aube. Elle les a gardés quinze jours, le temps de les emmener jusqu'à l'intervention. Yvon et Marie ont pris le relais. Patricia, elle, a accepté de se charger de Nicolas, programmé en urgence, pour huit jours, le temps que Martin et Françoise rentrent de vacances. Ilié, jeune Roumain de 11 ans, a lui aussi connu plusieurs familles d'accueil, tout comme Sofiane, Anna, Marcel et Patrick. C'est cela aussi, Mécénat. Une chaîne de solidarité, dont les maillons sont interchangeables à l'infini. Qu'un maillon manque, même quelques jours, et un autre le remplace. Car la seule chose qui compte, en vérité, c'est que les enfants soient opérés.

7 heures. L'avion a du retard. Rien d'étonnant, au vu de la météo. Solange espère seulement qu'il ne sera pas dérouté sur un autre aéroport. L'année dernière, elle attendait à Roissy un tout-petit, qui a finalement atterri à Amsterdam. La convoyeuse, qui n'avait pas prévu suffisamment de couches, a dû « gérer » un garçonnet trempé pendant six bonnes heures. Tel ne sera pas le cas, heureusement. Un petit mouvement de foule annonce l'arrivée de l'appareil. Reste à attendre le débarquement et l'arrivée des valises. De longues minutes supplémentaires avant que deux convoyeurs, vêtus du gilet bleu ciel d'Aviation sans frontières, passent les portes. Le premier porte un couffin, dans lequel repose Behajaina. Le second a posé Rojo et Jean-Jacques dans un caddie. Enfin, les enfants sont là. D'autres arriveront bientôt. Tout à l'heure, Nina et Meriem descendront de l'avion en provenance d'Algérie. Demain, très tôt dans la matinée, un autre vol, en provenance du Burundi, amènera Kévin, Bérénice, et Céline. Après-demain, ce sera au tour de Mustafa et de Moussab de débarquer, en provenance de Beyrouth. Au cours du mois qui vient, dix autres petits les suivront.

Mais, d'où qu'ils viennent, quel que soit leur âge ou leur origine, c'est toujours le même scénario. À l'arrivée, les plus petits pleurent, s'accrochent au convoyeur auquel ils se sont déjà attachés. Les autres, épuisés, posent sur ce qui les entoure un regard hébété. Les familles, elles, les accueillent avec bonheur – mais aussi une pointe d'anxiété.

Elles savent qu'elles vont prendre en charge un enfant malade. Certaines l'ont déjà fait et, aux autres, Pascale et Émeline ont expliqué combien cela pouvait être difficile et éprouvant. Mais parfois, rien ne peut préparer une famille à ce qu'elle découvre à l'aéroport. Kéo, 18 mois, est si pâle que sa peau paraît translucide. Amina, 10 mois, miaule, au lieu de crier. Iaia, 14 ans, est d'une maigreur extrême – corps décharné, yeux immenses trouant un visage fripé. Phone, gamin de 5 ans flottant dans des vêtements bien trop grands, pose sur sa famille d'accueil un regard opaque. Anita, 5 ans, est grise à force d'être bleue. Cette fillette qui, dans son pays, a déjà dû être placée plusieurs fois sous oxygène ne bouge pas d'un pouce, soucieuse de ne pas affoler son cœur qui bat déjà bien trop vite. Personne ne le sait encore, mais sa saturation[1] a chuté durant le vol. Elle est au bord du malaise – d'ailleurs, la voilà qui bleuit encore. Le médecin de l'aéroport, appelé en urgence, demande qu'elle soit hospitalisée. Pascale Grais, alertée par téléphone, lui trouve une place dans le quart d'heure. Elle appelle aussi une ambulance. La famille la suivra jusqu'à l'hôpital, où elle retrouvera la petite fille.

Il est 8 heures. D'autres avions se sont posés, un flot de voyageurs passe les portes battantes. Le convoyeur d'Aviation sans frontières, lui, distribue les valises, les passeports et les billets d'avion des enfants qu'il a accompagnés. Ce faisant, il présente chaque petit à sa

1. Taux d'oxygène dans le sang.

famille d'accueil, commente, d'un mot, son comportement pendant le vol. Il a pleuré, ou pas. Il a dormi, ou non. Il a mangé, et quoi. Les bébés passent – difficilement – de ses bras à ceux de leur maman d'accueil, puis à la poussette amenée pour l'occasion. Les plus grands se taisent, emboîtent le pas à la famille qui prend la direction du parking. Certains donnent la main, d'autres refusent, obstinément – mais ont-ils jamais donné la main à quelqu'un ? Il faut partir, cette fois. Un dernier geste d'adieu au convoyeur et l'on se met en route. Une lumière jaunâtre éclaire les allées du parking. La voiture est là-bas, au bout de l'allée. Les enfants y grimpent, mi-abasourdis, mi-terrifiés. Durant le trajet, la plupart d'entre eux s'endorment. Il n'est pas temps, encore, de commenter le paysage ni la météo, qu'il pleuve, qu'il y ait du soleil ou qu'il neige. Quelques garçons sourient quand leur maman d'accueil leur dit, regard dans le rétroviseur : « Regarde. On passe à côté du Stade de France ». « Foot », répondent-ils, à la vue des Bleus posant sur l'affiche géante apposée sur sa façade. Bientôt, eux aussi pourront taper dans un ballon. Mais à cette heure, l'autoroute A1 est bondée. On avance au pas. Parfois, les bébés pleurent dans leur sommeil.

— Allô, c'est Émeline. Comment ça va ?

Deux petites heures se sont écoulées depuis l'atterrissage. Les familles sont parfois encore sur la route, d'autres sont déjà rentrées chez elles. À Mécénat, on s'inquiète des enfants et Émeline passe déjà les premiers coups de téléphone. Pas question de laisser les familles se débrouiller sans filet. Attentive, elle les écoute raconter l'arrivée. S'il semble y avoir le moindre problème, Pascale Grais prend le relais. Cette dernière a, aux côtés de Francine Leca, acquis une solide culture en matière de cardiologie. « Pascale, elle connaît la médecine », dit souvent la chirurgienne. C'est vrai. Elle pose immédiatement les bonnes questions : comment va l'enfant ? Est-il essoufflé ? Très bleu ? A-t-il de la fièvre ? Comment se comporte-t-il ? En fonction des réponses, elle pousse plus loin la conversation, oriente, conseille, encourage. Elle rappelle aussi qu'au moindre souci, il faut rappeler l'association, donne de nouveau, à ceux qui l'ont oublié, le numéro d'urgence. « Vous pouvez nous joindre quand vous le souhaitez. Y compris la nuit, le week-end, et les jours fériés. À très vite. Profitez bien de votre enfant. »

VII.

Découverte

« Profitez bien » ? À dire vrai, les familles n'en sont pas encore là. Car le dépaysement est souvent violent pour les enfants. Bien sûr, certains vivent dans de grandes agglomérations, regardent la télévision et ont même des téléphones portables. N'empêche. Entre leur existence aux côtés de leurs parents et ce qu'ils découvrent, il y a un abîme. D'abord ils ne sont entourés que de Blancs. Ensuite, ceux-ci ont de l'éducation une idée tout européenne. Enfin la nourriture ne ressemble en rien à ce qu'ils connaissent, hormis bien entendu les chips et les bonbons. Tout cela pour dire que les premières heures sont parfois un peu rudes. Franckie, un petit Burundais de 15 mois, se met à hurler dès que Paule, sa maman d'accueil, le sort de son siège auto. Il a faim, se dit-elle. Elle se précipite chez elle, cale le bébé dans un siège adapté, prépare un biberon de lait. Franckie refuse la tétine, hurle de plus belle. La bouillie, le petit pot, les biscuits, et même l'eau le rendent encore plus furieux. Est-il sale ? Vérification faite, c'est le cas. Mais, une fois au sec, rien ne change. Paule décide alors de le prendre contre elle pour le consoler. Miracle ! Le nez contre sa poitrine, Franckie se tait. Il consent même à avaler quelques cuillères de petit-suisse bien sucré. Ouf ! se dit Paule. Elle a tort. Esquisse-t-elle le geste de se redresser que le hurlement reprend de plus belle. Les bébés africains sont portés toute la journée par leur mère. Franckie ne comprend donc absolument pas pour quelle raison, tout à coup, Paule le repose. Pas plus que ne le comprendront Kirk, 18 mois ou Guershon, 2 ans, originaires d'Haïti, ou Aissatou, jeune Béninoise de 1 an...

Moussa, lui, a 10 ans. Il vient du Sénégal et a pour habitude de faire pipi quand il le souhaite et où qu'il soit. À peine la voiture de sa famille d'accueil garée dans l'une des rues principales de Versailles, le voilà donc qui ouvre sa braguette. Regards courroucés de deux retraités qui passent, intervention mi-amusée, mi-gênée, de Violette : « Moussa, ici, en France, on ne fait pas pipi dans la rue. » Regard éberlué de l'enfant qui ne parle pas un mot de français. « Pas pipi », reprend Violette, qui l'entraîne rapidement à l'intérieur de son immeuble. Mais, une fois devant l'ascenseur – elle habite au quatrième étage – Moussa recule. « Moussa, entre dans l'ascenseur, allez ! » Non, non, non, fait Moussa de la tête. Sans doute n'a-t-il jamais été enfermé dans ce type de boîte ! La valise dans une main, la main de Moussa dans l'autre, Violette monte donc à pied, en prenant soin de faire une pause à chaque étage. Et, à peine rentrée chez elle, elle l'emmène aux toilettes.

« Voilà, Moussa. Tu peux faire pipi là. » Moussa est perplexe. Visiblement, il comprend mal le lien entre son envie impérieuse et cette cuvette blanche devant lui. Dans le doute, il hoche la tête. Soucieuse de préserver son intimité, Violette sort et tire la porte derrière elle. Quelques minutes plus tard, elle revient et découvre le petit garçon en train de se passer l'eau de la cuvette sur le visage. Auparavant, il a consciencieusement arrosé le carrelage.

Certains enfants ne savent pas à quoi sert le papier toilette. Phone, lui, le sait, mais ce qu'il ignore, c'est ce qu'il doit en faire après usage. Il le cache donc derrière la cuvette. Sa famille finira par le découvrir et lui montrera où le jeter. Son regard incrédule donnera la mesure de sa perplexité : alors ici, en France, le papier ne bouche donc pas la cuvette ?

Dans la chambre où on les conduit, les enfants découvrent des lits tendus de draps et d'une couette propres, sur lesquels sont posés poupées pour les filles, peluches pour les bébés, voitures pour les garçons. Mais souvent la pièce ne provoque chez le nouveau venu qu'un regard indifférent, tout comme la présence d'autres enfants dans la maison, avec lesquels il ne sympathise pas d'emblée. Perdu il est, perdu il reste. Inquiet ou méfiant et, dans les deux cas, mutique. Puis, la maman d'accueil défait sa valise – s'il en a une – et là, une odeur familière envahit la pièce. Le parfum puissant du pays fait jaillir les larmes.

Un à un, ses vêtements sont sortis, pliés, rangés ou mis à laver. Le bagage est bientôt vide, ne restent que les médicaments, flacons et tubes enroulés dans un sac plastique, une lettre éventuelle portant quelques consignes, un papier portant un mail ou un numéro de téléphone. Et, parfois, malgré toutes les recommandations faites aux parents, un portable.

Elle s'appelle Nina, elle a 7 ans, et elle vient d'Algérie. Petite fille mignonne et débrouillarde, elle parle un français parfait et a sagement fait le voyage aux côtés d'un convoyeur très occupé par Meriem, l'autre enfant qu'il avait en charge, qui ne cessait de sangloter. À l'aéroport, la rencontre avec sa famille d'accueil s'est très bien déroulée. Elle a emboîté le pas à Sonia et à Jean-Claude et n'a pas protesté quand celui-ci l'a installée sur le rehausseur posé sur le siège arrière et a bouclé sa ceinture. Mais au cours du trajet, Jean-Claude s'est retourné et a aperçu, entre ses mains, un petit Nokia rose. « Tu as un téléphone ? » a-t-il demandé. « Oui, mon papa a dit que je pourrais l'appeler. » Hélas – ou heureusement, selon les points de vue – le téléphone est en service restreint. « Pourquoi je peux pas appeler ? » demande Nina. Et d'ajouter, les yeux suppliants, « Mon papa m'a dit de l'appeler quand je serais arrivée. » Explications, incompréhension, pleurs, Sonia décide d'appeler elle-même le père pour mettre les choses au point. Quelques minutes plus tard, au bout du fil, l'homme jure qu'il ignorait que les enfants pris en charge par Mécénat ne devaient pas avoir de contact avec leur famille. Il s'engage à en avertir Nina, si on la lui passe. Fin de l'épisode ? Non. Une heure ne s'est pas écoulée que le portable sonne. Au bout du fil, sa maman qui lui dit combien, déjà, elle lui manque…

Les valises sont défaites. Les portables, s'il y en a, confisqués. Il faut, après ce long et éprouvant voyage, se doucher. Nina, dont les joues sont encore baignées de larmes, ne fait pourtant pas d'histoires. Elle se déshabille, enlève un premier T-shirt à manches longues, un second, un troisième, un quatrième, puis un T-shirt à manches courtes. Sonia s'étonne. « Tu n'as pas trop chaud avec tout ça ? — Mon papa dit que si j'enlève les vêtements, je vais avoir des microbes », dit-elle avant de plonger dans son bain et de se savonner avec entrain.

Les choses sont plus difficiles pour Béatrice, la maman d'accueil d'Aissatou. La fillette, tout juste âgée de 18 mois, déteste visiblement qu'on la déshabille et ponctue sa toilette de hurlements stridents, comme d'ailleurs la plupart des petits Africains, peu habitués à l'eau, et encore moins à l'eau courante. Abdrahmane, 10 ans, est aussi réticent que les autres, mais fait preuve de bonne volonté : il entre dans son bain tout habillé, baskets comprises. « Non ! dit Adèle, sa maman d'accueil. Il faut te déshabiller. » Abdrahmane y consent – mais refuse obstinément d'ôter son caleçon de laine. Soucieuse de ne pas le braquer, Adèle cède. « Enlève-le quand je serai sortie », essaie-t-elle de lui mimer. Quand elle revient, Abdrahmane patauge gaiement, toujours en caleçon, ses baskets flottant dans une eau qui a perdu sa transparence.

11 heures. La toilette est faite. Les petits sont séchés et rhabillés : la journée peut commencer. Et s'il y a une

chose que toutes les familles ont pu vérifier, c'est bien que, d'où qu'il vienne, un enfant reste un enfant. Gare aux bêtises ! Grace, 4 ans, s'empresse de tourner les boutons de la machine à laver, faisant passer la lessive de pulls à 90 °C, avant de s'en prendre au lave-vaisselle et au four. Kenza, 8 ans, est fascinée par les plaques à induction. « Attention, ça peut être chaud, ne va pas te brûler », lui dit Nadia, sa maman d'accueil. Joignant le geste à la parole, elle pose la main sur la plaque et mime une douleur intense. Kenza la regarde, ahurie. Elle vient de tâter cette jolie surface brillante, elle aussi. Ce n'était pas chaud du tout. Comment lui expliquer ? Elle ne parle que le bambara, dit la feuille de renseignements fournie par Mécénat. Qu'à cela ne tienne. Nadia imprime un dictionnaire sommaire trouvé sur le Web et s'y plonge. Hélas, aucune trace des mots « induction » ni même de « plaque ». En revanche, elle trouve la traduction des phrases « la vache va au puits » et « le ciel fait de la pluie ». Le bambara est une langue poétique, en conclut Nadia, qui écarte une fois de plus sa protégée des plaques.

Hasra, 5 ans, panique lorsque sa maman d'accueil branche le batteur. Iaia, pourtant âgé de 14 ans, demande si un petit garçon travaille à l'intérieur du lave-vaisselle. Et tous hurlent de peur devant les chiens et les chats de leur famille d'accueil, aussi sympathiques soient-ils – quand ils ne tentent pas de les frapper pour les éloigner d'eux. Là d'où ils viennent, il n'y a pas d'animaux domestiques. Abdrahmane, toujours lui, restera stupéfait de voir qu'on donne au chien des os de poulet, qu'il se serait fait une joie de manger chez lui.

C'est justement l'heure du repas. Prévoyantes, les familles d'accueil ont, en général, fait cuire du riz. Le problème, c'est que le riz français n'a pas grand-chose à voir avec le riz africain, ni, d'ailleurs, avec le riz asiatique. « Le riz, il est pas bon ici », râle Sofiane, du haut de ses 7 ans. Que veut-il manger, alors ? « Des bonbons. » À défaut, il grignotera quelques chips, nourriture semble-t-il universelle. « Non, non, non », fait Ahn de la tête quand on pose devant elle, aussi, un plat de riz. « Non, non, non », fait-elle encore devant la soupe de légumes. Puis comme sa maman d'accueil insiste, deux grosses larmes se mettent à couler sur ses joues. « D'accord. Qu'est-ce que tu veux manger ? Ahn désigne la casserole qui, là-bas, bouillonne sur le feu. À l'intérieur, du riz très cuit et de la viande de poulet de basse qualité. « Mais Ahn, c'est la pâtée du chien, tu comprends ? » Ahn la mange pourtant avec appétit. En dessert, sa maman d'accueil propose une banane. « Non, non, non », fait Ahn de la tête après avoir croqué un morceau de fruit. C'est vrai. Ils n'ont pas le même goût que chez elle, en Birmanie. Et d'ailleurs, rien n'a le même goût, ni la même odeur que là d'où ils viennent. Alors, les premiers jours, les enfants se nourrissent souvent de peu. Quelques gâteaux, un peu de lait, de l'eau, du pain. Les bébés ont du mal à téter, ils sont parfois tout juste sevrés, quand ils l'ont été. Il faut des trésors de patience et d'ingéniosité pour les faire boire. Petite cuillère, seringue, tout est bon pour glisser entre leurs lèvres serrées quelques gouttes de lait, un peu de compote, de la Blédine. De toute façon, comment manger, quand on vient d'arriver ?

Nina est triste. Assise dans un coin du salon, son téléphone portable inutile à la main, elle essuie régulièrement de la main les larmes qui coulent sur ses joues. Aminata, 8 ans, sanglote elle aussi, recroquevillée sur elle-même, sur la moquette de sa chambre, tout comme Daffa, 3 ans, Zeinab, 6 ans, et Fatima, 8 ans. Karim, 5 ans, est accroupi contre la porte d'entrée de la maison, son manteau sur le dos, et refuse de bouger. Phone est assis devant la télévision. Ses parents ont glissé dans sa valise deux DVD de dessins animés. Le petit garçon regarde sans les voir les facéties de Tom et Jerry. Sondé, 5 ans, boude dans sa chambre. Au départ de Ouagadoudou, il a tenté d'échapper au convoyeur d'Aviation sans frontières. Dans l'avion, il s'est montré si agité qu'un passager a dû lui parler dans sa langue pour le calmer. Myriam, 13 ans, est assise sur une chaise, mutique. Elle a refusé d'enlever son voile. Ismaël, 8 mois, continue de pleurer. L'après-midi s'éternise.

Et puis, d'un coup, les visages s'éclairent. Sonia, la maman d'accueil de Nina, se met au piano. La petite lève la tête. Écoute. S'approche, doucement. Se place derrière elle. « Tu aimes le piano ? — Oui, oui, oui », fait-elle. Jeanne, 8 ans, rejoint Aminata, et lui tend une poupée. « Allez, dit-elle. On va jouer. » La maman d'accueil de Daffa la prend contre elle et la berce, doucement. Zeinab et Fatima se décident à venir goûter. Karim doit se pousser, pour laisser entrer David, 9 ans, qui rentre de l'école. Il ne se rassoit pas. Dans quelques minutes ou quelques heures, il s'avancera enfin dans la pièce. Il suffit de ne pas le brusquer. Le papa d'accueil de Phone l'a rejoint et commente le dessin animé. Ismaël, 8 mois, tète un petit-beurre. Myriam a toujours son voile, mais suit des yeux la maîtresse de maison qui prépare le dîner. Faveur, lui, s'est mis à dessiner.

Rien n'est joué. Mais déjà, entre les enfants du bout du monde et leurs familles d'accueil, un lien commence à se tisser.

VIII.

Compte à rebours

Le document s'appelle « livret d'accueil ». Voilà quelques années encore, il était envoyé par la poste – une grande enveloppe kraft, que les familles d'accueil attendaient avec impatience. Aujourd'hui, Émeline le leur adresse par mail dès qu'il est complet. Papier ou Web, il contient les mêmes documents : identité de l'enfant et de ses parents, description succincte de sa famille et de ses habitudes, nomination officielle de la famille d'accueil à qui l'enfant est confié, attestation de prise en charge des frais auprès du centre hospitalier concerné. Le livret d'accueil mentionne aussi et surtout les dates du premier rendez-vous avec Francine Leca, des examens préopératoires et de l'intervention chirurgicale.

Le calendrier est parfois serré, véritable compte à rebours : ainsi Grace doit-elle se rendre à l'hôpital de Massy le 15 janvier pour une échographie, une radio et des prises de sang. Elle rencontrera Francine Leca le 16, avant d'être opérée le 17. Daniel, lui, passe la journée à l'hôpital Marie-Lannelongue le 19 du même mois, pour une intervention programmée le 26, et une visite à la chirurgienne le 21. Sow, qui arrive en février, se rendra à l'hôpital Georges-Pompidou le 5 pour les examens préopératoires et sera admis dans le service de chirurgie cardiaque le 7. Francine le verra le 6, etc., etc.

Ces programmes ont été mis au point par Pascale Grais. Pour les établir, elle a dû jongler entre des services de chirurgie cardiaque surchargés et l'agenda de Francine Leca. Elle doit maintenant croiser les doigts pour que, du côté de l'hôpital ou de la chirurgienne, les rendez-vous ne soient pas annulés pour cause d'urgence. Aux trois dates clés de ce mini-marathon, les familles doivent, quant à elles, ajouter des rendez-vous chez le généraliste et le dentiste, pour vérifier que l'enfant ne souffre d'aucune infection. Dans la majorité des cas, le timing si difficilement mis au point est respecté. Mais bien des événements peuvent encore tout bousculer.

Émeline et Pascale Grais ont, à plusieurs reprises, averti les familles d'accueil : les petits pris en charge par Mécénat sont gravement malades et ils paient souvent, au cours des premières journées, le prix de leur long et fatigant voyage. Mais, encore une fois, être averti est une chose, se retrouver avec un enfant au plus mal en est une autre. Mayar, 18 mois, est grisâtre, mou, ouvre à peine les yeux. Chanelle a de la fièvre, presque 39 °C. Sidi, après trois pas dans la rue, manque s'évanouir. Son cœur bat à plus de 140 pulsations par minute. Nina, elle, vomit en jet tout ce qu'elle avale, eau comprise. Quant à Iaia, il se plaint de douleurs terribles au niveau des articulations et de la tête. À les regarder, leurs familles, elles, oscillent entre angoisse et panique. Elles seraient d'ailleurs totalement désarmées si elles n'avaient la possibilité de joindre l'équipe médicale de Mécénat, 24 heures sur 24 sur un portable d'urgence.

On a du mal à y croire, mais il est réellement l'équivalent du « 15 ». Quelle que soit l'heure du jour ou de la nuit, en semaine, le dimanche ou les jours fériés, à peine est-il composé qu'à l'autre bout du fil quelqu'un décroche. Émeline, Tiphaine et Marion se partagent les permanences. En cas de doute, elles contactent immédiatement Pascale Grais. C'est ainsi qu'elle peut répondre aux interrogations et sérier les urgences. Les vomissements de Nina sont sans doute impressionnants, mais ne signent pas une dégradation de sa pathologie cardiaque. La fillette peut attendre, sous étroite surveillance. Il faut l'hydrater par petites gorgées. Le Coca, sans caféine, peut être utile. On peut aussi lui faire croquer du sucre. Si les vomissements persistent demain, on avisera. Chanelle, elle, doit prendre un bain tiède et du Doliprane. Elle doit voir au plus vite un généraliste – elle peut souffrir d'une grippe, d'une otite, d'une angine, comme cela peut être plus sérieux. Pour le moment, surveillance, et repos. Iaia doit, lui aussi, prendre un antalgique. Par chance, son rendez-vous à l'hôpital Georges-Pompidou, est proche. Là-bas, des analyses seront faites. Si les symptômes de Sidi persistent, il faudra rappeler Mécénat. Pour le moment, les choses ne sont pas encore alarmantes, mais elles peuvent le devenir, il faut rester vigilant. Surveiller son teint : s'il est grisâtre, il faut s'inquiéter. En revanche, Mayar, lui, doit être examiné très vite par un médecin au Château des Côtes. Pascale se charge de prévenir l'établissement, mais c'est sa famille d'accueil qui l'accompagnera.

Envelopper Mayar dans un manteau bien chaud. Le sortir avec précaution, tête bien calée contre soi. L'asseoir doucement dans le siège auto, le sangler, poser un baiser sur son front pour l'apaiser. Monter dans sa voiture et démarrer. Sophie, la maman d'accueil de Mayar, fait ces gestes le plus rapidement possible, tout en priant pour que la route soit dégagée. De chez elle, il faut environ trente minutes pour gagner les Côtes, quand il n'y a pas trop de circulation. Le GPS la guide, voix mécanique pour un trajet déjà accompli mille fois – mais le sens de l'orientation lui fait définitivement défaut. La voilà sur l'A13, elle bifurque en direction de Versailles, sort une dizaine de kilomètres plus loin, prend une route de campagne. La forêt, des deux côtés de la voie, est dense, la route se fait plus étroite, un virage à gauche, un champ s'étend, dans lequel marchent des chevaux. À l'arrière, Mayar dort, épuisé. Quelques dizaines de mètres encore, Sophie traverse le tout petit village de Jouy-en-Josas, maisons cossues et rues désertes. Un panneau : centre cardiologique. Elle y est presque, c'est au bout de l'allée.

Le château des Côtes, construit au XIXe siècle, a été acquis en 1951 par la Charité maternelle de Paris, qui l'a transformé en un centre médicalisé pour enfants répondant à toutes les exigences de la pédiatrie moderne. Entouré d'un vaste parc, il se divise en deux bâtiments. Le premier, de style néogothique, impressionne. Un vrai château à l'ancienne, d'allure majestueuse. Le second, moins flamboyant, abrite les salles de consultation et la « pouponnière ». Pendant leur convalescence, les bébés et les jeunes enfants y sont logés et soignés, tandis que les plus grands prennent leurs quartiers dans le bâtiment principal. Dans le cadre de son partenariat avec Mécénat chirurgie cardiaque, l'équipe médicale accueille également, de jour comme de nuit, les enfants qui n'ont pas encore été opérés, en cas de problème. C'est ainsi que Mayar est pris en charge, dans l'heure qui suit l'appel à Pascale.

Silhouette mince flottant dans une blouse blanche, visage plissé par la concentration, le Dr Vincent Lucet est, nous l'avons déjà dit, un ami de Francine Leca. Il a été médecin chef du Château des Côtes pendant de très longues années, avant de passer la main au Dr N'Gayap et à son équipe, les Drs Denis, Breton et Hazard. Un pot d'adieu réunissant tout le personnel, sans oublier Francine et Pascale, a célébré cette retraite toute provisoire. Car Vincent Lucet est très vite revenu. Remplaçant l'un ou l'autre de ses confrères pendant un congé, se portant volontaire pour les week-ends de garde, il ausculte, soigne, conseille.

Et, aujourd'hui, c'est lui qui examine Mayar, garçonnet très frêle, au teint grisâtre. Sa poitrine se soulève avec peine et ses ongles et ses lèvres sont très bleus. Ses yeux fermés laissent échapper deux grosses larmes qui se perdent dans le col de sa chemise flambant neuve. Avec douceur, le cardiologue la lui retire, ainsi que son petit marcel blanc et son pantalon. Puis il l'allonge sur la table d'examen et pose sur son torse maigre l'embout de son stéthoscope. Ce qu'il entend ne doit pas lui plaire – son sourcil gauche se fronce imperceptiblement. Mais il n'en dit rien – pas encore. Il prend la saturation en oxygène de l'enfant et fronce à nouveau le sourcil.

— Il est à 45 seulement, dit-il à Sophie, la maman d'accueil. Et il est déshydraté. Je pense qu'il va falloir le garder quelques jours. Il est opéré quand ?

Deux heures plus tard, comme orpheline, Sophie quitte le château des Côtes. La vue de son siège auto vide lui fait monter les larmes aux yeux. Quand elle reprend la route, de temps à autre, elle jette machinalement un coup d'œil dans le rétroviseur. Hier seulement, Mayar dormait sur le siège arrière. Ce soir il est sous oxygène et perfusé. Tiendra-t-il le coup ? Mais oui, répondra un peu plus tard Pascale Grais, voix douce et assurée. Dans quelques jours, vous pourrez sans doute le récupérer. En attendant, vous irez le voir régulièrement. Ne vous inquiétez de rien. Mayar se repose. Il va déjà un peu mieux. Peut-être pourra-t-on conserver sa date opératoire.

Les autres : Baye, 8 ans, dont les parents présentaient la cardiopathie comme une « *maladie mystérieuse* » ; David, 5 ans, dont la mère vend des pastèques sur le marché ; Ihassane, 10 ans, arrivée à Roissy sous la neige ; Nina, qui grâce au Motilium, rebaptisé « sirop magique », ne vomit plus ; Chanelle, dont la fièvre est légèrement tombée ; et tous ceux qui vont « bien », ou pas trop mal, entament quant à eux leur parcours médical.

Première étape, la visite au médecin de ville, souvent ému par ce qu'il découvre : enfants d'une maigreur extrême, bébés présentant un retard de croissance, adolescents mutiques, et ces cœurs qui battent si fort qu'ils soulèvent les poitrines. Aux problèmes cardiaques s'ajoutent parfois des maladies banales : otites, rhinopharyngites, gastro-entérites – au moindre doute, l'antibiotique devient, en l'espèce, quasi automatique. Une intervention de chirurgie cardiaque ne peut en effet être pratiquée qu'en l'absence de foyer infectieux. Une banale angine impose un recul de la date opératoire – c'est le cas de Chanelle, qui doit être traitée pendant dix jours. Les autres passent le cap.

Le dentiste, lui, reste pantois devant les caries de Phone, qui, à 5 ans, semble porter un appareil tant ses dents sont noires. Un début d'abcès sous la gencive signe également le recul de la chirurgie pour Baye. Pascale Grais, avertie, s'empare de son téléphone et annule leurs dates opératoires. Les hôpitaux concernés la rappelleront pour lui en donner d'autres. Elle espère qu'elles ne seront pas trop lointaines. Les parents d'accueil, eux, reprennent leur souffle. Demain, après-demain, dans quelques jours, aura lieu la consultation préopératoire, une étape charnière dans le compte à rebours qui sépare encore l'enfant de l'intervention chirurgicale.

Toute l'équipe médicale de Mécénat le sait. La visite « préo » réserve parfois quelques surprises. Bien sûr, de nombreux documents médicaux ont été demandés et obtenus. Francine Leca les a examinés avec attention. Mais quelles que soient sa compétence et son expérience, une médecine à distance n'est jamais totalement satisfaisante. Puis, en la matière, rien n'est jamais vraiment acquis. La qualité des échographies dépend de l'adresse et du savoir-faire des médecins, de la qualité des appareils, celle des radios et des électrocardiogrammes du manipulateur. Sur le plan clinique, les choses évoluent avec le temps… Bref, le diagnostic posé au pays peut ne pas être le bon.

— Iaia ? Il faut y aller…

Marie, la maman d'accueil d'Iaia, est inquiète. Depuis qu'il est arrivé, l'adolescent est recroquevillé sur lui-même, en proie visiblement à d'intenses douleurs qui semblent rhumatismales. Elle doit l'emmener aujourd'hui à l'hôpital Georges-Pompidou, mais il peine à mettre un pied devant l'autre. 23 kilos, 1,25 mètre, impossible de le porter – heureusement, elle a une grande poussette, dans laquelle elle le cale tant bien que mal. Solal, son fils aîné, se chargera de la pousser. Même dans ces conditions, l'entreprise est compliquée. En ce début de matinée, en effet, impossible de stationner aux alentours de l'hôpital. Reste le parking. Premier sous-sol complet, deuxième sous-sol, enfin une place. Marie se gare, coupe le contact, va chercher la poussette dans le coffre, la déplie, pendant que Solal tire tant bien que mal Iaia de son siège. Le voilà casé : en avant ! Direction l'ascenseur. L'ascenseur ? Hélas. Il n'arrive pas au deuxième sous-sol. Il faut donc monter à pied, Iaia dans les bras de Solal, Marie portant la poussette. Les voilà aux portes de l'hôpital. Un dédale de couloirs interminables plus loin, ils arrivent enfin dans la salle d'attente du Pr Latremouille.

Béryl, 16 ans, et Isamël, 14 ans, y sont déjà assis, en compagnie de leurs familles d'accueil respectives. Il n'y a plus qu'à attendre – combien de temps exactement ? Personne n'est capable de le dire. D'ailleurs, tous, infirmiers, médecins, internes, personnel de service vont et viennent, sans un regard pour les enfants de Mécénat. Ce n'est pas de la mauvaise volonté, ni de l'indifférence. C'est l'hôpital – on peut y être parfaitement soigné sans que personne s'occupe de vous, en dehors des rendez-vous.

— Iaia ?

Enfin. La porte du Pr Latremouille s'entrouvre. Iaia se lève, difficilement, clopine le long du couloir et entre, Marie et Solal sur ses talons. Christian Latremouille est là, assis derrière son bureau. Un grand monsieur de la chirurgie cardiaque, qui a réalisé des milliers d'interventions à cœur ouvert et qui travaille sur le cœur artificiel. Il n'empêche. En auscultant Iaia, il vacille.

— Voilà trente ans que je n'ai pas vu un enfant dans cet état, dit-il. Ici, en France, il n'y en a plus…

Puis, lentement, Christian Latremouille explique la situation à Marie et à Solal. Iaia souffre d'une pathologie très grave : ses deux valves, aortique et mitrale, ne fonctionnent quasiment plus. Son cœur, qui souffre depuis des années, est devenu énorme[1]. S'il le pouvait, il avancerait l'intervention chirurgicale. Mais il n'a pas de place. Et de toute façon, l'adolescent souffre probablement d'une crise de rhumatisme articulaire aigu. Il faut faire des examens sanguins. Une fois les prélèvements effectués, il se rendra, comme convenu, au cabinet de Maryline Lévy, en charge de son échographie. On lui communiquera les résultats.

Deux prises de sang plus tard, voilà donc Marie, Solal et Iaia repartis, cette fois pour le 15e arrondissement de Paris, où est installée Maryline Lévy. Fidèle collaboratrice de Francine Leca à Necker, où elle est toujours en poste, cette cardiologue réputée consulte également dans son propre cabinet. En ce tout début d'après-midi, quand elle passe la porte et aperçoit Iaia recroquevillé dans sa poussette, elle reste interdite.

— Mais il ne va pas bien du tout, cet enfant ! s'exclame-t-elle. Venez dans mon bureau. Je vais l'examiner.

À la même heure, Ibrahima, 4 ans, s'allonge sur la table d'échographie du Dr Petit, médecin à l'hôpital Marie-Lannelongue, au Plessis-Robinson. Au Mali,

1. Le cœur est un muscle. Si ses cellules travaillent trop, ou ne reçoivent pas assez d'oxygène, elles s'hypertrophient pour rester fonctionnelles. À un certain stade, elles ne peuvent plus reprendre leur taille initiale, et le patient souffre alors d'une insuffisance cardiaque inguérissable.

son pays natal, le petit garçon vit avec ses parents et trois de ses frères et sœurs – les cinq autres volent déjà de leurs propres ailes. Cadet de la fratrie, né par césarienne, il souffrirait d'une malformation complexe baptisée TAC[1]. Mais cette malformation demande à être confirmée, les documents reçus par Mécénat laissant planer un doute. C'est le Dr Petit qui doit le lever. Le cardio-pédiatre pose l'embout de son appareil sur la poitrine d'Ibrahima, qui se met à pleurer. Il est vrai que l'enfant, d'ordinaire plutôt docile, est épuisé. Parti du domicile de sa famille d'accueil à 8 heures ce matin, il a passé la matinée à faire des examens. Taille, poids, électrocardiogramme, ORL, radio de thorax, et cette prise de sang, effectuée avec de multiples précautions, parce qu'en Afrique, on est en pleine épidémie d'Ebola… Ibrahima en a plus qu'assez et le manifeste avec toute l'énergie qu'il lui reste. Le Dr Petit, lui, fait la grimace en regardant son écran. Durant plusieurs minutes, il bouge l'embout de l'appareil sur la poitrine de l'enfant. Puis, avec un haussement d'épaules découragé, il dit :

— Je me demande comment il peut vivre avec un cœur comme ça…

16 heures. Iaia vient d'être admis au Château des Côtes. Les Drs Lucet et N'Gayap sont à son chevet,

1. Tronc artériel commun : une artère unique assure l'éjection du sang venant à la fois du ventricule gauche et du ventricule droit. De ce tronc artériel qui surplombe les deux ventricules émergent l'aorte, l'artère pulmonaire et les coronaires.

inquiets tous les deux. Les résultats des analyses leur ont été communiqués par l'hôpital Pompidou : l'adolescent souffre d'une maladie génétique, la drépanocytose, qui modifie la teneur en globules rouges de son sang. Il pourra être opéré, mais il va falloir, auparavant, le transfuser complètement.

Au même moment, la maman d'accueil de Nina se gare – difficilement – sur le parking de l'hôpital Jacques-Cartier, à Massy. Elle est à 100 mètres à peine du bâtiment. L'instant d'après, Nina et elle se dirigent toutes les deux vers le service de cardio-pédiatrie, situé au deuxième étage de l'établissement. Ici, tout est fait pour mettre les enfants à l'aise. Jolie salle d'attente encombrée de jouets, fresques aux murs, grand sourire d'Émilie, la secrétaire. Allongée sur la table d'examen, dans le bureau du cardio-pédiatre Jean-François Piéchaud, la fillette regarde, de ses grands yeux sombres, les images se former sur l'écran du moniteur. À 7 ans, elle connaît déjà bien les contours de son cœur, sait comment la sonde dévoile toutes ses défaillances. Et elle écoute avec attention Jean-François Piéchaud expliquer comment, très bientôt, les chirurgiens vont pouvoir le réparer.

— Tu es très malade, conclut le cardio-pédiatre. Après l'opération, tu seras guérie…

Dans la salle d'attente, Meriem, 4 ans, attend son tour – demain, à l'hôpital Pompidou, le Pr Latremouille recevra Mahmadou, 15 ans, et Balthazar, 13 ans. À Marie-Lannelongue, ce sera au tour de Mina, 2 ans et demi, et Stéphan, 8 ans, d'être examinés. Derrière son bureau, Pascale Grais, elle, récupère les comptes rendus réalisés dans les différents services hospitaliers et les classe dans les dossiers jaunes portant le nom des enfants. Marion les posera, en temps et en heure, sur le bureau de Francine Leca, pour sa consultation.

IX.

Réunion

Lundi. Comme chaque semaine, toute l'équipe du pôle médical va se réunir, pour faire le point. Francine Leca bataille avec la petite Nespresso posée à l'angle du paravent fermant son bureau, parvient, enfin, à glisser la capsule à l'endroit adéquat. Puis, son café serré à la main, elle se dirige vers la salle d'attente. La pièce sera, pour quelques heures, transformée en salle de réunion. Dossiers d'enfants, projets, contacts avec les médecins référents dans chaque pays, bonnes et mauvaises nouvelles : durant trois heures, on évoquera l'actualité de l'association. Francine est assise en bout de table. Tiphaine et Émeline sont à sa gauche. Pascale Grais et Marion, qui gère le suivi des enfants rentrés chez eux et le parrainage scolaire, à sa droite. Vincent Lucet et le chirurgien Olivier Bical, consultant pour MCC, complètent le groupe.

— Tu nous donnes l'ordre du jour, Pascale ?

Francine Leca déteste les temps morts. Olivier Bical n'est pas encore assis, Vincent Lucet sort encore des documents de sa serviette qu'elle s'impatiente déjà.

— Pour commencer, dit Pascale, je vais vous parler d'une petite ONG qui travaille sur Madagascar. Ils ont deux petits avions, et ils sillonnent l'île pour aider les enfants malades.

Francine Leca se tourne vers elle.

— D'accord, mais qu'est-ce que ça a à voir avec Mécénat ?

— Est-ce que je peux terminer d'exposer le projet ?

— Oui, bon, vas-y…

— Ils proposent de diagnostiquer les enfants atteints de malformations cardiaques et de les amener en avion jusqu'à la capitale. À Tananarive, notre médecin référent prendra le relais.

Silence. Francine Leca réfléchit.

— On a formé six médecins malgaches, dit-elle. Mais hormis celui basé à Tananarive, on n'a plus aucune nouvelle d'eux.

Elle soupire.

— C'est partout pareil, dit-elle. À Laënnec, on avait formé un chirurgien marocain. Un type délicieux, cultivé, intelligent. Il est rentré chez lui. Deux ans après, il ne s'occupait plus des enfants, il faisait des pontages coronariens dans les cliniques. Il faut un moteur fort pour que les gens se lèvent le matin et aillent travailler sans gagner vraiment leur vie. En Afrique, à Madagascar, c'est la même chose. Les médecins préfèrent aller dans le privé. Bon, Pascale, pour revenir à ton ONG : fais-les venir. Il faut voir les gens avant de décider. Si on pouvait travailler avec eux, ça serait pas mal. Il n'y a qu'un seul cardio-pédiatre pour tout Madagascar, et pas de routes. Les enfants qui habitent dans le Sud ont les pires difficultés pour se faire soigner. Ensuite ?

— Michel Samba…

Francine Leca fronce les sourcils. Michel Samba, elle le connaît bien. Lorsqu'elle en a entendu parler pour la première fois, Michel avait 15 ans et vivait à la campagne, à une trentaine de kilomètres de Dakar. Père au chômage, mère éducatrice. Il n'avait jamais quitté son village natal, ne connaissait rien de son pays – ni la capitale et ses embouteillages, ni l'île de Goré d'où partaient les bateaux chargés d'esclaves, ni le lac rose, où les femmes vont, pieds et mains nues, chercher le sel qu'elles ramènent sur de grands paniers portés sur leur tête. Michel a grandi entre sa minuscule maison et l'école. D'essoufflement en fatigue, de bronchite en malaise, sa famille a vite compris qu'il souffrait d'un mal très grave. C'est ainsi qu'il a emprunté la route pour Dakar, pour une consultation à l'hôpital. Un chemin de terre, d'abord, sur de nombreux kilomètres, puis un ruban de bitume, étroit, bordé d'ornières. La circulation y est dense, les accidents nombreux, les conducteurs imprudents. Aux abords de la capitale, il faut souvent patienter des heures, en raison de bouchons inextricables. Une fois à l'hôpital, un cardiologue a découvert que la valve mitrale de Michel Samba était gravement endommagée. Référent de Mécénat, il a adressé le dossier de l'adolescent à l'association.

À peine débarqué à Roissy, Michel est reparti pour Tours, ou devait avoir lieu sa chirurgie. C'était en janvier. L'hiver couvrait la terre d'un manteau blanc que Michel regardait, stupéfait. C'était froid. Ça craquait sous ses pieds, chaussés de baskets de mauvaise qualité. Mais c'était beau, immaculé, comme un présage de bonheur. De fait. Au centre pédiatrique Gatien-de-Clocheville, le Pr Neuville a pu conserver la valve mitrale de l'adolescent et, en l'étirant, lui a rendu une bonne partie de sa fonctionnalité. Bien sûr, dans quelques années, il faudra sans doute intervenir à nouveau, et mettre en place une valve mécanique. Mais, en attendant, Michel peut vivre sans aucun traitement.

Quatre ans ont passé. Michel Samba a retrouvé son village où, pour commencer, personne ne l'a reconnu. Il courait, jouait au foot avec ses amis, allait à l'école sans se fatiguer, bref, il était littéralement transformé. Un miracle, disaient ses parents. Un miracle ? Oui. Mais le Pr Leca avait prévenu : il ne serait que temporaire. Tôt ou tard, la valve mitrale réparée à Tours recommencerait à fuir et il faudrait la changer. La chirurgienne espérait gagner au moins une dizaine d'années. Il n'en sera malheureusement pas ainsi. Michel s'est essoufflé de nouveau. « Il faut le faire revenir », a alors décidé Francine Leca.

Au moment où la chirurgienne se penche sur son dossier, Michel a donc déjà retrouvé la douceur des paysages tourangeaux et la chaleur de son ancienne famille d'accueil, qui a accepté de veiller sur lui une nouvelle fois. Il a retrouvé aussi l'hôpital Gatien-de-

Clocheville. Comme la première fois, il s'est rendu au service des consultations, pour les examens préopératoires. Comme la première fois, on lui a fait une radio, une échographie et une prise de sang. La date de l'intervention a été fixée. Il a eu quelques jours devant lui, le temps, peut-être, de visiter le jardin botanique – un paradis au printemps, avec son allée de magnolias et ses arbres centenaires.

Mais Michel n'a pas été opéré. Ses analyses sanguines ont mis en évidence une insuffisance rénale chronique. Les réanimateurs sont formels. Si l'intervention a lieu, les reins vont se bloquer définitivement. Et le jeune homme ne survivra, ensuite, qu'avec l'aide d'une dialyse.

— Redonne-moi le dossier, Pascale, demande Francine Leca.

Page après page, elle le relit à voix haute. Compte rendu opératoire, comptes rendus des médecins sénégalais – qui ne mentionnent pas le problème aux reins, une erreur que la chirurgienne souligne –, nouvelles radios, nouvelle écho, comptes rendus des médecins français.

— C'est cornélien, dit-elle. Si on n'intervient pas, la valve mitrale va lâcher et il mourra d'insuffisance cardiaque. Si on intervient, il ne pourra pas éviter la dialyse et il lui faudra, à terme, une transplantation rénale.

Silence.

— Nous avons de temps en temps d'autres choses que des atteintes cardiaques, reprend Francine Leca, qui pense tout haut. Nous avons eu des enfants atteints de tuberculose, de maladies parasitaires, de becs-de-lièvre. Nous les avons toujours pris en charge. Mais là, le problème est différent. Si Michel est opéré en France, il ne pourra pas repartir. Sa dialyse nous coûtera de quoi opérer dix autres enfants. Et il est illusoire de croire qu'il pourra avoir un rein. On atteint nos limites...

Personne ne pipe mot. Émeline baisse la tête, regard fixé sur son bloc-notes. Marion lutte pour ne pas pleurer. Vincent Lucet hoche la tête, avec compassion. Oliver Bical tire sur ses poignets de chemise, en un geste machinal. Ils ont compris. Il n'y a pas de solution pour Michel Samba. Il doit rentrer à Dakar, pour y mourir. Francine Leca n'y peut rien. Rien ?

— En fait, dit-elle, la meilleure des solutions serait de le faire opérer au Sénégal par la Chaîne de l'espoir[1]. Pascale, prends contact avec eux, et demande-leur s'ils ont une mission au Sénégal bientôt. Tu me tiendras au courant. Au besoin, je passerai un coup de fil moi-même. Et organise le retour de Michel.

Pascale acquiesce. Elle reprend le dossier, le range sous la pile posée devant elle. Elle sait, comme tous les

1. La Chaîne de l'espoir, présidée par le Pr Alain Deloche, prend en charge des enfants souffrants de diverses malformations. L'ONG en fait venir certains sur le territoire français, mais d'autres sont opérés sur place, lors de missions, et quand les infrastructures hospitalières le permettent, ce qui est le cas au Sénégal. Dans certains cas, Mécénat chirurgie cardiaque collabore avec la Chaîne.

autres participants à la réunion, que le sort de l'adolescent est pendu à un fil. Les missions de la Chaîne de l'espoir au Sénégal sont rares. Il peut s'écouler beaucoup de temps avant que Michel Samba soit opéré. Survivra-t-il jusque-là ? Et ensuite, comment supportera-t-il les dialyses ? Tous se posent ces questions. Personne ne les formule. À Mécénat, on ne montre jamais sa tristesse. On avance. Pour un enfant peut-être perdu, dix autres attendent d'arriver. En voilà un qui entre dans la pièce – dossier jaune ouvert sur sa photo.

— J'ai reçu un dossier urgent du Dr Lassissi, dit Pascale.

— Ah ! Lassissi ! s'exclame Francine. Le chouchou de Marion !

D'un coup, dans la salle, l'atmosphère se détend. Tous sourient – et Marion avec eux. C'est vrai qu'elle aime bien le Dr Lassissi, ce médecin qu'elle a rencontré voilà deux ans maintenant, au détour d'une mission au Bénin.

Paris-Ouagadoudou, capitale du Burkina Faso, huit heures d'avion, deux heures de décalage horaire. Marion, Daniel Czitrom, cardio-pédiatre, Rémi, le photographe du groupe, et Emmanuel Racy, chirurgien maxillo-facial, sortent de l'aéroport dans une chaleur de four. Un minibus les attend. Au volant, Ibrahim, qui travaille à l'hôpital de Tanguieta, au Bénin. Les valises et le matériel médical chargés dans le coffre, il démarre, escorté par un cortège de motos et de scooters. Ici, pas de casque, peu de phares, les routes ne sont pas éclairées, ou seulement par endroits. L'équipe de Mécénat doit passer la nuit chez les sœurs de l'Immaculée Conception. Demain, après un petit déjeuner très convivial, aura lieu le départ pour la frontière béninoise. La route pour Tanguieta fait 423 kilomètres, une belle voie bétonnée qui traverse la brousse. Çà et là, de grandes antennes relais avec leurs groupes électrogènes pointent, contrastant avec la pauvreté des habitations, huttes de terre et de paille, puis de petites villes, spectacles à ciel ouvert avec leurs femmes allant chercher de l'eau au puits, leur enfant sur le dos, leurs réparateurs de vélos, étalages de bouteilles d'essence, groupes bavardant devant les cases aux portes ouvertes. Deux cents kilomètres plus loin, après le carrefour de Fada, grande ville très animée, le minibus longe le parc national de la Panjari, l'une des plus grandes réserves d'Afrique. Quelques heures de route, encore, dans un paysage de plus en plus montagneux, sur des routes de moins en moins praticables, et l'on arrive, enfin, à Tanguieta.

Quinze heures de Cotonou, la capitale du Bénin, dix d'Ouagadoudou, la capitale du Burkina Faso. C'est là, au milieu de nulle part, dans une vallée cernée de montagnes, que les frères de Saint-Jean-de-Dieu, ordre laïc fondé en 1537 pour les soins des pauvres et des malades, ont décidé de créer un hôpital. Dans un endroit aussi reculé, sans eau ni électricité – deux générateurs fournissent le courant nécessaire –, cela a été un tour de force. Né le 29 juin 1970 avec quatre-vingt-deux lits, Tanguieta en compte aujourd'hui quatre cents. Un service d'urgence fonctionnant

24 heures sur 24, trois blocs opératoires, un scanner : les malades, soignés gratuitement, affluent, de plus en plus nombreux. Tanguieta, où l'on peut entendre parler cent vingt dialectes différents, draine tous les pays limitrophes : Togo, Burkina Faso, mais aussi Niger et Ghana. Une petite ville s'est d'ailleurs formée autour de ses bâtiments aux façades brique et saumon, aux portes ornées d'une grande croix. Sous des abris de fortune, on dort, on mange, les femmes lavent leur linge et l'étendent comme elles peuvent au soleil, les enfants jouent. Et l'on prie, aussi, dans la petite église construite il y a peu de temps.

C'est là, dans cet hôpital de pointe, cerné par les familles des malades, que travaille le Dr Houzeiph Lassissi. Rien ne prédestinait cet homme à devenir médecin. La poliomyélite, maladie aujourd'hui éradiquée dans la plus grande partie du monde, l'a frappé alors qu'il n'était qu'un enfant. Il en a gardé une légère boiterie – un handicap de plus pour lui, au seuil de ses études. Mais Houzeiph Lassissi est opiniâtre. Année après année, il réussit ses examens. Mieux. Il se lance, en solo, dans l'apprentissage de la cardiologie, lit tout ce qu'il peut trouver, sur papier, ou sur Internet. Il fait partie de ceux qui accueillent l'équipe de Mécénat à son arrivée. Il ne faudra pas longtemps à Daniel Czitrom pour être éberlué par ses connaissances. Dans les mois qui suivent, il sera admis à la formation organisée en France par Mécénat chirurgie cardiaque et terminera la session avec la note de 17 sur 20.

— Alors, dit Francine Leca, qu'est-ce qu'il nous envoie, Lassissi ?

— Une petite de 2 ans, dont les parents ont fait des centaines de kilomètres pour arriver à Tanguieta, dit Pascale. D'après lui, elle a une tétralogie de Fallot très avancée, et il aimerait que nous la prenions en urgence.

Francine Leca s'empare des documents médicaux que Pascale lui tend.

— Il a raison, dit-elle tout en les lisant. Il faut la prendre vite. On va essayer de la faire venir avant Noël…

— J'ai une autre urgence. La petite Steffie.

— Steffie ?

— Une petite Burundaise de 4 ans que vous avez renvoyée chez elle il y a trois mois. Elle avait été opérée à Massy d'une grosse insuffisance mitrale.

— Ah oui, je me souviens ! On lui a fait une plastie de la valve mitrale. On pensait que c'était réglé, qu'elle pourrait tenir comme ça pendant plusieurs années.

C'était un jour de consultation. Une fois n'est pas coutume, Francine Leca portait une chemise blanche sur laquelle étaient imprimés de gros poissons qui semblaient tout droit venus des mers du Sud. Un spécialiste aurait reconnu un poisson-ange, un poisson-lune, un poisson-lion, entre autres. Quand Steffie était entrée, un rien intimidée, elle avait immédiatement été fascinée par la chemise. Les yeux ronds, elle s'était plantée devant la chirurgienne, a gonflé ses joues et lancé un « bop, bop, bop » qui a fait rire tout le monde.

— Alors Steffie, a demandé la chirurgienne, comment vas-tu ? Tu es très élégante en tout cas ! Tu as de jolies chaussures ! Et de jolies chaussettes !

Puis, se tournant vers la famille d'accueil de la fillette :

— Comment la trouvez-vous ?

— Bien mieux depuis l'opération ! Elle a pris deux kilos et demi, elle court, elle joue. Et elle pousse sa poussette à cloche-pied !

— Que de bonnes nouvelles ! Approche, Steffie. Tu aimes mes poissons, on dirait ? Tu as raison. Tu me laisses écouter ton cœur ?

Francine a posé son stéthoscope sur son torse. Légèrement penchée en avant, totalement concentrée, elle est restée immobile une bonne minute. Puis, elle s'est redressée.

— Il reste une fuite, mais elle n'est pas très importante. La catastrophe aurait été qu'on soit obligé de changer sa valve. Bravo les chirurgiens ! Ce bricolo lui permettra de grandir tranquillement. Pascale, je te dicte une lettre pour notre référent du Burundi. « *Cher ami, l'adorable petite Steffie repart en pleine forme. Elle souffrait d'une très grosse insuffisance mitrale congénitale*[1]. *Elle a pu bénéficier d'une plastie*[2]. *Le résultat immédiat a été excellent, mais comme c'est souvent le cas, il s'est légèrement dégradé durant les semaines suivant l'intervention. Il reste une petite insuffisance mitrale très*

1. La valve mitrale de l'enfant était déjà abîmée à la naissance.

2. Geste chirurgical qui étire la valve, et lui redonne une partie de sa souplesse.

bien tolérée, comme en témoigne le dynamisme de cette petite fille. Je souhaite bien sûr que tu la surveilles et que tu me donnes de ses nouvelles. Pour le moment, nous sommes contents. »

Steffie était donc rentrée chez elle. Elle avait retrouvé ses parents, sa petite sœur et avait recommencé sa vie d'avant. Mais peu à peu, son état s'était dégradé. Elle s'était mise à vomir. Puis elle avait eu des œdèmes. Et le médecin référent, alarmé, avait envoyé un mail à l'association, pour dire qu'à son avis elle n'allait vraiment pas bien.

— Visiblement, dit Francine Leca, sa fuite s'est majorée. Nous avons une décision lourde à prendre. Faut-il la faire revenir ? Pour commencer, est-ce qu'elle est en état de voyager ? Et si c'est le cas, est-ce qu'on peut courir le risque de mettre une valve artificielle à une enfant de 4 ans, qui vit quand même dans des conditions pas faciles ?

Elle regarde l'équipe qui l'entoure.

— Je vous écoute, dit-elle.

Moins d'une heure plus tard, l'affaire est réglée. La petite Steffie a une famille d'accueil. Son billet d'avion sera payé par les miles en réserve à l'association. Et Pascale Grais veillera à trouver une date opératoire très proche. À Mécénat, quand on a pris un enfant en charge, on ne l'abandonne pas en chemin, même si l'on sait que ce qui l'attend va être rude.

X.

Consultations

Il y a eu la séparation, déchirante. Le voyage, harassant. Le choc de l'arrivée. Les premiers examens. Aujourd'hui, après des semaines, des mois d'espoir et, parfois, de déceptions, les petits protégés de Mécénat chirurgie cardiaque entrent enfin, pour la première fois, au siège de l'association.

Jusqu'à présent, ils n'ont été, pour les équipes, qu'une photo dans un dossier. À présent, qu'ils soient grands ou petits, timides ou joyeux, ils prennent corps, occupent l'espace, figent le temps en quelques minutes de bonheur intense. En les regardant, Pascale, Tiphaine, Émeline et Marion ressentent le bonheur de celles qui ont remporté une rude bataille. Bien sûr, il reste beaucoup de chemin à parcourir avant leur guérison. Mais ils sont là, à présent, et l'intervention qui va les sauver semble désormais à portée de main.

On les entoure, on les embrasse, on leur donne de petits cadeaux, voitures pour les garçons, livres de coloriage pour les filles, gâteaux et jus d'orange pour tous.

Leur présence dans les locaux de l'association est aussi, parfois, l'occasion d'émouvantes retrouvailles.

Nous sommes le 5 décembre 2014. En France, on prépare Noël. Les villes sont déjà illuminées. Dans les rues, malgré le froid et la grisaille, la fête s'installe. Tiphaine, elle, est à Roissy, où elle embarque pour Port-au-Prince, la capitale d'Haïti, l'un des pays les plus pauvres au monde. À ses côtés, pour cette mission, le Dr Vincent Lucet et Thibault, qui est photographe. Ensemble, ils doivent visiter plusieurs hôpitaux et y rencontrer les médecins formés en cardiologie pédiatrique par Mécénat, et devenus les référents locaux : Florence Sine Saint Surin, pédiatre et chef du service pédiatrie de l'hôpital universitaire de la Paix, Émeline Lerebours, pédiatre à l'hôpital Saint-Damien, et Patrick Charles, pédiatre à l'hôpital Bernard-Meys.

Tiphaine, Vincent Lucet et Thibault le diront de concert, à leur retour : la capitale haïtienne les surprend. Malgré le terrible séisme qui l'a frappée en 2010, il reste peu de ruines apparentes. Elles ont été remplacées par des maisons précaires, construites de part et d'autre de rues défoncées mais très encombrées. Ici, la circulation est dense, la loi du klaxon est reine. Sur les trottoirs, des centaines de passants, des étals plus ou moins bien approvisionnés. Port-au-Prince est une fourmilière géante, qui ne s'immobilise qu'à la nuit tombée. Dans les quartiers « chics », une riche minorité habite de grandes maisons protégées par des grilles et mène un train de vie aisé. Sur les hauteurs, à portée de vue, les bidonvilles étirent leurs baraques aux toits de tôles.

8 heures du matin, il fait déjà très chaud. Tiphaine et ses compagnons entrent dans l'enceinte de l'Hôpital universitaire d'État, totalement détruit par le séisme, et encore en cours de reconstruction. L'établissement, fait de préfabriqués, s'étend sur plus de 2 kilomètres carrés. Toutes ses salles sont archi combles. Lits serrés les uns contre les autres, malades patientant dans les couloirs par dizaines : ici, plus de deux cents patients viennent consulter chaque jour. Parmi, eux, aujourd'hui, les parents du petit Guershon, venus voir les « médecins étrangers ».

Il a 2 ans tout juste et tient à peine debout. Accroché à sa mère, il tourne vers Tiphaine un regard apeuré. Visage rond, cheveux très noirs et frisés, yeux en amande, bouche en cœur, il ferait un ravissant garçonnet, n'étaient ses traits tirés et cette fatigue qui l'empêche de se redresser. Une poupée de chiffon, qui pleure à peine lorsqu'on la pose sur la table d'échographie, mais qui tient ferme la main que Tiphaine lui tend pour le rassurer. La jeune femme en a vu, des enfants malades ; elle a, comme tous les membres de l'association, été émue plus d'une fois. Au détour d'une mission en République démocratique du Congo, elle a visité un orphelinat géré par un prêtre italien qui recueille des petits dont personne ne veut s'occuper. Enfants nés sans bras ou sans jambes, ou lourdement handicapés suite à des accidents domestiques, ou encore souffrant de cardiopathies très graves, condamnés à agoniser lentement, sans qu'aucun médecin puisse leur venir en aide. Elle a été bouleversée en voyant comment ceux qui survivaient s'accrochaient pour aller à l'école, passer des diplômes et conquérir, de haute lutte, leur avenir. Ces enfants-là, Tiphaine s'en souviendra toute sa vie. Mais ce petit Guershon, qui concentre ses dernières forces pour agripper sa main, c'est différent. Elle le connaît à peine, et déjà elle s'attache à lui.

— Il va pouvoir venir, dit le Dr Lucet, qui termine son examen. Il a une tétralogie de Fallot bien avancée, il ne faut pas trop tarder.

Tiphaine s'est chargée des démarches nécessaires à l'arrivée de Guershon en France. Ça n'a pas été facile. Il a fallu convaincre les autorités haïtiennes, mais aussi les parents du petit garçon, qui ont déjà perdu leur aînée d'une leucémie. Elle n'avait que 4 ans et demi quand elle est morte. Il y a eu, ensuite, ce terrible séisme qui a détruit leur maison. Doivent-ils, en plus, se séparer de leur fils ? Tiphaine a réussi à les décider. Quelques mois plus tard, récompense de son acharnement, Guershon est là, dans les bras de Lucie, sa maman d'accueil. Derrière son bureau, Tiphaine lui sourit. Puis elle se lève et, tout doucement, s'approche de lui.

— Bonjour Guershon, dit-elle. Tu me reconnais ?

Il ne dit rien. Il la regarde seulement, l'air intrigué. Quelques minutes de plus et il se blottirait dans ses bras. Mais déjà, le téléphone sonne et elle doit s'éloigner pour répondre. A l'autre bout du fil, les parents d'un autre enfant, qui doit arriver. Tiphaine baisse à nouveau la tête, se concentre sur sa conversation. À quelques mètres, derrière le paravent qui sépare son bureau de l'open space, Francine Leca sonne le début de la consultation.

— On y va ? dit-elle.

C'est le petit Guershon qui entre dans son bureau le premier, aux côtés de Lucie. Celle-ci est famille d'accueil depuis bientôt 13 ans. Au fil des années, elle a veillé sur plus de quinze enfants. Mais, face à Francine Leca, une pionnière, femme de cœur de surcroît, elle reste intimidée.

— Bonjour, madame, dit la chirurgienne de sa voix inimitable. Asseyez-vous, je vous en prie.

Francine Leca pose sur Guershon un regard attentif. Qui la connaît devine, à cet instant, qu'elle évalue la couleur de son teint, sa tonicité, le souffle qui soulève sa poitrine. Un seul regard et elle a compris, d'expérience, que l'enfant n'ira pas beaucoup plus loin. Elle ne le dira pas.

— Comment ça va ? poursuit-elle.

Un silence. Lucie hésite. Puis elle renonce. À quoi bon raconter qu'à l'arrivée Guershon était emmitouflé dans un nid d'ange en mouton retourné, une rareté – même au Canada, elle n'en avait jamais vu de pareil – et qu'il était en sueur ? Elle s'est précipitée dans les toilettes, l'a déshabillé doucement avant de lui passer un peu d'eau froide sur la figure et sur les mains. Ensuite, elle a défait son jean en toile rêche, et ôté une couche qui n'avait pas dû être changée depuis longtemps. Allongé sur la table à langer,

Guershon pleurait, mais ses cris étaient tout en retenue, comme s'il avait compris, déjà, qu'il fallait se ménager, même dans le chagrin. Le retour en voiture a été long, sur une autoroute embouteillée. Assis sur son siège, Guershon s'est endormi et, à dire vrai, il a dormi la plus grande partie du temps pendant les deux jours qui ont suivi, n'acceptant d'avaler que de l'eau et un peu de bouillie. Un petit garçon au teint gris, au souffle court dont elle-même, qui n'est pas médecin, mesure la fragilité.

— Il dort beaucoup, mange très peu, dit seulement Lucie. Mais je suppose que c'est normal.

Francine Leca se lève. Puis, stéthoscope autour du cou, elle vient s'asseoir à côté de Lucie et entreprend d'ausculter le bébé. Tête penchée, concentrée à l'extrême, elle écoute les bruits d'un cœur en bout de course, avant d'aller reprendre sa place.

— Ça va aller, dit-elle simplement. Après l'intervention, ce petit bonhomme sera en pleine forme.

Un instant encore et Lucie sort de la pièce, Guershon dans les bras. Maty lui succède. Âgée d'une douzaine d'années, petite, menue, visage ovale troué de deux grands yeux noirs, elle a l'air plutôt en forme. Sa famille d'accueil le confirme, d'ailleurs. Elle mange avec appétit, monte deux étages sans s'essouffler, dort à plat. Étrange, vraiment, quand on connaît son histoire...

Nous sommes au Sénégal, en 2013. Georges Bazolo, référent de Mécénat chirurgie cardiaque à Louga, ville située à 200 kilomètres de Dakar, adresse le dossier de Maty à l'association. La fillette souffre d'une insuffisance mitrale majeure, et il espère que la chirurgie pourra la sauver. Hélas. Sur la radio transmise, le cœur est énorme. Même si les chirurgiens remplacent la valve mitrale défaillante, le muscle cardiaque, trop malmené, ne pourra jamais récupérer une fonction normale. « *Cher Georges,* écrit Francine au médecin, *très sincèrement, je crois que, dans le cas de cette petite fille, il est trop tard. L'expérience de nombreux cas similaires me confirme dans l'idée que ce sont des souffrances imposées inutilement. Les suites sont difficiles, le cœur ne récupère pas bien, et si l'on pose une valve mécanique, la surveillance du traitement anticoagulant est difficile, et les accidents thromboliques nombreux. Donc, à mon grand regret, je ne prendrai pas Maty...* »

En recevant cette réponse, la plupart des médecins se seraient résignés. La plupart, mais pas Georges Bazolo. Il connaît bien Maty et ses parents. Ceux-ci l'ont ému. La fillette est vive, joyeuse, intelligente. Il ne peut pas admettre qu'elle soit condamnée à mort. Il modifie donc le traitement médicamenteux et, quelques semaines plus tard, fait faire une nouvelle radio du thorax. Bonne surprise. Le cœur a légèrement diminué de volume. Fort du cliché, le médecin adresse une nouvelle demande à Mécénat. Il y joint un petit mot dans lequel il assure que la surveillance d'un éventuel traitement anticoagulant ne pose aucun problème à Louga. De surcroît, les parents de Maty s'engagent, si elle est opérée, à ce qu'elle prenne une contraception orale, pour éviter une grossesse qui serait fatale à la mère et à l'enfant. Au vu de ces nouveaux éléments,

Francine Leca cède. « *D'accord*, écrit-elle à Georges Bazolo. *Je vais la faire venir. En attendant, surveille-la comme le lait sur le feu, et fais-nous parvenir des radios du thorax régulièrement.* »

Maty est là, à présent, qui dévisage Francine Leca. Un face-à-face émouvant de quelques secondes entre l'enfant malade et celle qui a le pouvoir de la guérir. Maty sourit, tortille l'une de ses tresses, agite ses pieds chaussés de baskets flambant neuves – sa famille d'accueil l'a récupérée en tongs, au sortir de l'avion. Francine évalue la couleur de sa peau, grisée mais pas trop, le souffle qui monte de sa poitrine, régulier, même s'il est un peu fort, sa taille, son poids, elle est mince sans être maigre. Étrange. Si elle souffrait vraiment d'une grosse insuffisance mitrale, elle ne devrait pas être dans cet état-là.

— On a un examen récent ? demande la chirurgienne.

L'instant d'après, elle lit le compte rendu fait la veille.

— Le ventricule gauche est bon, les pressions pulmonaires sont normales, il n'y a qu'une très minime fuite aortique, dit-elle. Quant à la mitrale…

Francine relève la tête.

— Combien d'étages monte-t-elle sans s'essouffler ? demande-t-elle à Stéphanie.

— Deux.

— Elle dort à plat ?

— Oui.

Un nouveau silence. Francine Leca sourit.

— Eh bien, Maty, dit-elle, tu vas pouvoir rentrer chez toi. Tu n'as pas besoin d'être opérée – enfin, pas tout de suite. Tu devras sans doute revenir dans quelques années, mais ce sera plus facile, à ce moment-là, de réparer ton cœur. Tu vois, tu es venue en France pour rien. Mais ça vaut mieux, non ?

Maty acquiesce sans trop comprendre ce que tout cela signifie. Stéphanie, elle, ouvre la bouche pour interroger. Francine Leca devance la question. Elle s'empare d'un crayon de couleur rouge, d'un crayon de couleur bleu pâle, et d'une feuille de papier vierge. Puis, à traits élégants, elle dessine un cœur – elle aurait pu être peintre.

— Regardez, madame. Un cœur normal est fait ainsi. Deux ventricules, deux oreillettes, et les artères qui sortent des uns et qui entrent dans les autres. À la jonction des artères et du cœur se trouvent des valves.

Francine dessine les valves aortiques et mitrales.

— Dans le cas de Maty, l'une d'elles, la valve mitrale, est abîmée. On la croyait fichue, au vu des examens pratiqués dans son pays. Mais aujourd'hui, nous savons que ce n'est pas le cas. Certes, elle est abîmée, mais pas suffisamment pour que l'on intervienne. Plus tard, on pourra l'opérer, et la changer pour une valve mécanique. En attendant, elle va grandir normalement. Je demanderai au Dr Bazolo de la surveiller étroitement, bien sûr.

C'est ainsi que Pascale Grais annulera la date opératoire de Maty. Elle annulera aussi celle de Djibril, 3 ans, que sa maman a envoyé du Sénégal avec une glacière contenant des yaourts et de la Vache qui rit, pour qu'il puisse manger à Paris tout ce qu'il aime. Le garçonnet est vif et même remuant. Dans le bureau de la chirurgienne, il descend des genoux de Line, sa maman d'accueil, et entreprend de faire le tour du propriétaire. Il touche à tout, défait un trombone, s'empare d'un stylo, puis d'un coupe-papier, qu'il examine avec attention. Amusée, la chirurgienne le regarde un moment, avant de revenir au dossier et de faire la grimace. Les comptes rendus des médecins de Marie-Lannelongue ne sont en effet guère encourageants. Djibril est né sans artère pulmonaire. On aurait pu lui en fabriquer une à l'aide d'un petit tuyau de Goretex, malheureusement les examens montrent que ses pressions pulmonaires sont importantes. L'intervention est risquée, elle peut provoquer un œdème pulmonaire fatal. D'un autre côté, si on n'opère pas, la malformation peut épuiser le cœur. Ennuyée, Francine Leca se tait, relisant une fois encore les documents médicaux posés devant elle. Puis elle se tourne vers Line.

— Dans le cas de Djibril, dit-elle, les choses sont compliquées. La nature a à la fois bien et mal fait les choses. D'un côté, l'artère pulmonaire manque. De l'autre, un réseau d'artérioles amène du sang à son cœur. Si l'on intervient, il faudra fermer ces veinules, au bénéfice d'un petit tube. L'ennui, c'est que Djibril risque de ne pas supporter l'intervention. Et de toute façon, il faudra changer le tube, qui deviendra trop petit, au fur et à mesure de sa croissance.

Francine Leca se tait.

— Je pense qu'il vaudrait mieux laisser les choses en l'état, finit-elle par conclure. Djibril a l'air de bien supporter sa malformation. Et il y a un proverbe que j'aime beaucoup et qui dit : « Mieux vaut un pigeon vivant qu'un aigle mort »[1]. Laissons le grandir...

— Mais...

Line intervient.

— Mais le réseau de veinules va finir par devenir insuffisant, n'est-ce pas ?

— Oui, c'est vrai.

— À quel âge ?

— C'est difficile à dire. 25 ans ? 30 ans ?

— Et alors...

— La seule solution sera une greffe cœur poumons.

— Mais en Afrique ce n'est pas possible ?

Francine Leca secoue la tête.

— Pour le moment, non. Mais qui sait ? Avec le temps, les choses changeront peut-être. En tout cas, il faut le souhaiter...

La salle d'attente est désormais presque vide. Il ne reste qu'une fillette de 15 mois, arrivée il y a quelques jours du Bénin. Potelée et souriante, Mariana est un bébé ravissant – et sa maman d'accueil, longue jeune femme aux cheveux élégamment tressés, en est visiblement folle, la couvrant de baisers à la moindre occasion. Pour la visite, elle l'a habillée de rose, sweat à capuche, jogging et même baskets à l'effigie de Minnie.

— Bonjour madame, dit Francine Leca, comme elle entre dans son bureau, Mariana dans les bras. On

1. Phrase de Jane Sommerville, célèbre cardio-pédiatre anglaise.

dirait que ça se passe bien ? C'est vrai qu'elle est très mignonne… Elle dort la nuit ?

— Avec moi…

La chirurgienne sourit.

— Elle mange ?

— De tout : sans arrêt ! Elle est affamée…

— Très bien. Vous savez de quoi elle souffre ?

— On m'a dit qu'elle avait un canal artériel…

— Oui, c'est ça. Le canal artériel, c'est un petit vaisseau qui relie l'aorte et l'artère pulmonaire pendant la grossesse. Il permet l'oxygénation du cœur. À la naissance, quand les poumons se mettent à fonctionner, il se ferme.

Elle s'empare d'un crayon, et se met à dessiner, à l'appui de ses propos.

— Mais chez certains enfants, comme Mariana, ce n'est pas le cas. On doit alors opérer et le supprimer ou, s'il n'est pas trop gros, le fermer par cathétérisme. C'est ce que les chirurgiens vont essayer de faire.

Dans les bras de sa maman d'accueil, Mariana s'agite – puis, d'un coup, elle se met à pleurnicher.

— Ah ! dit Francine, tu ne vas pas commencer ! Allez. Je crois qu'il est temps que vous la rameniez. Ne vous inquiétez pas. Tout va bien se passer.

Le soir tombe. La salle d'attente est vide. Émeline et Tiphaine rangent leurs affaires avant de partir. Pascale termine la rédaction de ses mails. Francine Leca, elle, décroche son téléphone et demande à parler à Christian Latremouille. Ensemble, ils évoquent le cas d'Iaia. Hydraté et sédaté, il va mieux – la crise de drépanocytose est sous contrôle. Malheureusement, il ne pourra, faute de place, être transfusé rapidement.

— Je ne pense pas qu'il puisse attendre très longtemps, dit Francine Leca au Pr Latremouille. Il est vraiment au bout du bout, cet enfant-là. Tes anesthésistes accepteraient-ils de le transfuser juste avant l'intervention ? Ce n'est pas commode mais s'ils veulent, ils peuvent le faire.

À l'autre bout du fil, Christian Latremouille acquiesce. D'accord. Il va se débrouiller. De toute façon, il n'y a guère d'autre solution. Puis comment dire non à Francine ? Il la connaît. Elle se débrouillerait pour le faire revenir sur sa décision. Elle est comme ça, Francine Leca. Pour elle, disent ses proches, « c'est toujours mieux quand c'est impossible ».

XI.

Le jour J

Peu de jours se sont écoulés depuis leur arrivée. Mais les enfants de Mécénat, aussi incroyable que cela paraisse, dorment, mangent, jouent et rient même à l'heure française – ou presque.

Si le magasin de jouets n'a suscité chez lui que peu d'intérêt, Abdrahmane est, en revanche, fasciné par les marchés de la ville : viandes à foison, poissons à volonté, fruits et légumes de toutes sortes. Tout à l'heure, il est passé sans ciller devant les Lego, les camions et les voitures télécommandées, mais il s'attarde à présent devant les rosbifs, rumsteck et autres poulets cuits à la broche, se plante face aux gambas, aux dorades, aux crabes et aux bars, pointe du doigt les oranges, les mangues, les ananas. À table, c'est un ogre, capable de dévorer un poulet entier. Il commence toujours par avaler son riz pour mieux savourer ensuite les cuisses – plat de choix chez lui, il l'a fait comprendre à sa famille. Le premier jour, il a demandé un verre d'eau et a entrepris de se laver dans le jardin, à l'économie. À présent, il prend de longues douches et se savonne avec entrain, avant de passer de la crème sur sa peau trop sèche. Il est allé chez le coiffeur qui, à sa demande, lui a fait une coupe « à la mode », rasée sur les côtés, drue au milieu. Il ressemble à un footballeur et en est ravi.

Kenza ne tente plus de mettre les mains sur les plaques à induction et participe volontiers aux tâches ménagères. Ni le batteur ni l'aspirateur ne lui font plus peur. Elle a appris les secrets de la pâte à crêpe et a fait sauter sa première, une pièce dans la main pour « porter bonheur ».

Franckie, lui, a cessé de crier, ou presque, même si les nuits restent difficiles. Il s'endort dans les bras de sa maman d'accueil, qui le repose dans son lit à barreaux quand son souffle régulier signe un sommeil profond. Dans la journée, il accepte de rester assis sur un tapis de jeux et ne réclame plus les bras qu'occasionnellement.

Fatoumata, qui crachait par terre le reste de ses bouchées, « pour nourrir les poules »[1], a enfin compris que le jardin de ses parents d'accueil n'hébergeait aucun volatile. En revanche, elle a repéré très vite un nid dans la haie du jardin et son papa d'accueil l'a arrêtée juste avant qu'elle n'en sorte les oisillons – sans doute pour les faire cuire.

Moussa ne mange plus avec ses doigts et, lui qui sort d'une école coranique, commence à apprendre à tracer

1. *Les familles d'accueil racontent,* Catherine Lamon-Mignot, éditions de l'Harmattan.

les lettres de l'alphabet latin. Il s'essaie aussi, avec plus ou moins de succès, au coloriage et à la peinture. Candy, petite Laotienne de 18 mois, crayonne avec allégresse tout ce qui est à sa portée, et surtout les murs de l'appartement de Maud et Franck, ses parents d'accueil – rien que de très normal pour une enfant de son âge. Si Phone refuse toujours de manger autre chose que des nouilles lyophilisées et très épicées, il consent, le matin, à goûter les tartines beurrées qu'il refusait jusque-là. Ousmane, qui hurlait de peur devant le chien de la famille, l'a promené pour la première fois, tenant sa laisse avec fierté. Et quand Catherine, la maman d'accueil de Mehdi, lui a servi une pizza sans jambon, il a demandé, très triste, pour quelle raison il ne « mangeait pas comme tout le monde ». Aguratu, elle, a cessé de dormir par terre et consent à enfiler des pyjamas.

Côté adolescents, les choses sont parfois plus mitigées. Victor, 13 ans, est persuadé qu'après l'intervention il va être adopté, et que sa sœur va venir le rejoindre en France. Maryam, 15 ans, passe ses journées devant l'ordinateur, à regarder des vidéos en berbère. Elle ne descend que pour manger, va mettre son assiette dans le lave-vaisselle et file. Joe, lui, rêve d'un vélo et va en prendre un dans la cave de l'immeuble. Il le monte jusqu'au troisième, le pose devant « sa » porte, avec un petit mot placé bien en évidence sur la selle : «*pour Joe, joyeux Noël*». Quand on l'oblige à redescendre le vélo, il boude pendant plusieurs heures. Marcus souffre de kleptomanie. Yolande, sa maman d'accueil, n'ose plus entrer avec lui dans un magasin, même si les employés, compréhensifs, se contentent de lui faire remettre à leur place les objets dérobés. Mohamed, 14 ans, venu d'Égypte, s'offusque de voir sa maman d'accueil conduire une voiture.

Karim, jeune Afghan de 14 ans, refuse obstinément d'ôter sa djellaba et son pakol[1]. Il est arrivé en compagnie de Mehdi, 5 ans, petit garçon gai comme un pinson, qui s'est très vite adapté aux mœurs de sa famille. Karim, lui, est plus rétif – et si Yohann, son papa d'accueil, parle sa langue, il n'arrive pourtant pas à lui faire entendre raison. Karim doit changer de vêtements et, surtout, accepter de se séparer du coutelas pendu en bandoulière qui ne le quitte jamais. Il doit aussi cesser d'insulter la mère de famille et ne pas quitter la table lorsqu'elle s'y assoit. Mais Karim, têtu, résiste.

Jusqu'à la consultation avec Francine Leca. Lorsque Karim arrive dans son bureau, Yohann lui explique que c'est elle – une femme – qui va l'opérer. Et la chirurgienne d'ajouter, devant l'air revêche du jeune garçon :

— Dites-lui que, s'il n'est pas content, je le renvoie chez lui. Et qu'il se débarrasse de ce coutelas. On ne va sûrement pas l'opérer avec.

Francine Leca a vraiment une autorité naturelle – Karim se le tient pour dit. Peu à peu, il s'intègre même dans sa famille d'accueil. Et, comme les autres enfants pris en charge par Mécénat, il s'attache lentement mais

1. Chapeau afghan en laine de mouton ou de chameau, dont l'intérieur est doublé.

sûrement à elle. Bien sûr, les choses ne sont pas toujours simples. Petits et grands ont souvent du mal à se passer des leurs. Ainsi Nogaye, 12 ans, pose-t-elle sans cesse la même question : « Quand moi Sénégal » ? Nina, elle, supplie qu'on lui permette d'appeler son père. « Mais que lui dirais-tu ? demande sa maman d'accueil. — Je lui demanderais de venir me chercher »… Fatima, Adam et Queen restent longtemps inconsolables. Aïcha, elle, fait sa valise et demande à aller reprendre l'avion. Mais qu'importent leurs états d'âme, expliquent Pascale, Émeline, Tiphaine et Marion, à des familles d'accueil désemparées. Les enfants viennent en France pour être opérés. Ils en repartent guéris. Tout le reste, finalement, n'a que peu d'importance.

C'est vrai. Mais ce qui est vrai, aussi, c'est que là-bas, au pays, les familles se rongent les sangs. Comment vont leurs enfants ? Se sont-ils adaptés, ou pas ? Mangent-ils bien ? Dorment-ils ? Pour les rassurer, Tiphaine leur envoie régulièrement par mail les photos que lui transmettent les familles d'accueils. Gageons que certains doivent être surpris, lorsqu'ils voient leur fils ou leur fille souriant au milieu d'étrangers, sur le cheval de bois d'un manège, ou dans les rayons d'un grand magasin débordant de victuailles. Mais, pour être heureux, les clichés ne suffisent pas toujours à calmer les angoisses. Le père de Nina fait remarquer que son lit n'a pas de « protection enfant ». Nina a 7 ans, lui répond-on gentiment. Elle a tout de même peu de chance d'en tomber à son âge. Il en convient, mais revient à la charge quelques heures plus tard. Comment va sa fille ? A-t-elle déjà eu un bilan médical ? Comment a-t-elle réagi ? Si on lui a fait des prises de sang, s'est-elle montrée courageuse ? Marion, Tiphaine, Émeline ou Pascale répondent toujours avec la même gentillesse et la même patience. À peine raccroché, le téléphone sonne de nouveau. C'est la grand-mère de Meriem, qui s'inquiète. Il reste peu de temps avant le jour J, celui de la chirurgie cardiaque.

6 heures du matin. Une chape de givre enveloppe l'herbe rase. Pas un bruit, pas un son, tout est immobile encore, mais les lumières brillent aux fenêtres de cette propriété des Yvelines. Cela fait déjà un moment que Francine Leca est levée : on l'attend à 8 heures à l'hôpital Pompidou. À 76 ans, la plupart des chirurgiens ont cessé d'exercer. Pas elle. Pour quelle raison s'en empêcherait-elle ? Elle n'a rien perdu de sa dextérité et a, sans problème, obtenu une dérogation spéciale, qui l'autorise à opérer les enfants de Mécénat, dont elle a la charge. Puis, pour Francine, un chirurgien qui n'exerce pas n'est plus un chirurgien. Tout à l'heure, aux côtés du Pr Christian Latremouille, elle réparera donc le cœur de Darlène.

Elle a 8 ans et est originaire du Cap-Vert, minuscule pays 60 fois plus petit que la France. Son père est parti, sa mère vit de petits travaux. C'est sa grand-mère, âgée de 78 ans, qui veille sur elle jour et nuit. Longtemps elle l'a portée sur son dos, jusqu'à l'école. Trop âgée, elle n'a plus la force de le faire. Darlène passe donc ses journées chez elle. Elle dort assise, mange très difficilement. Marcher l'épuise. Les médecins consultés se disent impuissants à la guérir et prédisent même sa fin prochaine. Mais l'aïeule, qui adore son unique petite fille, ne se résigne pas à la voir mourir. Et elle alerte Julia, la tante de l'enfant, qui vit et travaille en France.

Parfois, dit-on, le hasard fait bien les choses. En l'espèce, le hasard prend des allures de destin. Julia est femme de ménage et garde aussi des enfants, à l'occasion. Elle a, par le passé, aidé l'une de ses voisines, Françoise, famille d'accueil, à s'occuper des petits dont elle avait la charge. Quand elle lui parle de sa petite nièce, Françoise prend tout naturellement contact avec Pascale Grais, qui lui demande un dossier médical complet. Là-bas, au Cap-Vert, l'espoir renaît, mais il reste ténu. Récupérer les documents médicaux nécessaires est difficile. Les médecins refusent de donner les radios et les échographies. Ils se contentent de transcrire les résultats sur papier. De leurs comptes rendus, on peut tout de même conclure que Darlène souffre d'une insuffisance mitrale majeure et que son ventricule gauche est très dilaté. Au vu de ces éléments, Francine Leca accepte de la faire venir en France. Françoise l'accueillera chez elle.

La jeune femme habite à Athis-Mons, dans l'Essonne. Ce matin, elle s'est levée et préparée très tôt. Elle a ensuite réveillé Darlène tout doucement et l'a habillée chaudement. Ensuite, elles sont montées toutes les deux dans sa voiture, direction l'hôpital Georges-Pompidou. Françoise roule à petite vitesse sur l'A106, avant de rejoindre l'autoroute du Soleil. Quelques kilomètres plus loin, la voilà déjà sur le périphérique, puis dans le tunnel de Vanves. Passé la sortie en direction de Bordeaux, Nantes, et le quai d'Issy, elle prend la rue Ravaud, sur 500 mètres, tourne à droite dans le boulevard Martial-Vallin, à gauche dans la rue Ernest-Hemingway. L'hôpital Pompidou est tout près. Sur le siège arrière, Darlène dort à poings fermés. À cette heure, il n'est pas difficile de se garer. À gestes doux, Françoise tire la fillette de son siège. Une rue à traverser et les voici devant la grande grille de l'hôpital, fermée à cette heure. Il faut passer par l'entrée réservée aux urgences, aller s'inscrire dans une pièce aux murs blancs, baignée de la lumière crue des néons, avant de traverser l'immense salle des pas perdus déserte, de tourner sur la gauche, d'emprunter un ascenseur et, enfin, d'arriver au deuxième étage, dans le service de chirurgie cardiaque.

Au même moment, Francine Leca, toujours à son domicile, entame quant à elle un solide petit déjeuner : du pain, du fromage, quelques rondelles de saucisson – elle sait qu'elle ne pourra pas manger ni boire avant la fin de sa chirurgie. Elle a longuement réfléchi, déjà, aux gestes qu'elle allait faire, et aux complications pouvant survenir pendant l'intervention. Elle reverra une dernière fois les radios et les échos avant d'entrer au bloc. Elle termine tranquillement son café, concentrée mais sereine. Puis elle sort de chez elle, monte dans sa voiture et démarre, avec Radio Classique.

Là-bas, à l'hôpital Pompidou, Darlène prend une douche à la Bétadine[1]. Debout dans la salle de bains étroite qui jouxte sa chambre, elle laisse Françoise lui enduire le corps et les cheveux d'un liquide jaune qui poisse mais ne mousse pas, et la frotter à l'aide d'un gant stérile. Une fois rincée, séchée, elle enfile une chemise d'hôpital, tissu blanc à pois bleus, fermée par-derrière et, chaussons de papier aux pieds, va s'installer au creux d'un lit tendu de draps immaculés. Darlène a-t-elle peur de « mourir, et ne jamais rentrer chez elle », comme Aguratou, 11 ans et demi, opérée hier ? Elle ne le manifeste pas, en tout cas. Elle ferme simplement les yeux, tandis que Françoise veille à son chevet. Quelques minutes plus tard, un brancardier entre dans la chambre et l'emmène. Dans le couloir, Françoise lui envoie un dernier baiser et la regarde partir, le cœur serré.

7 heures 30. Francine Leca gare sa voiture dans le parking réservé au personnel de l'hôpital. Empruntant un chemin qu'elle pourrait parcourir les yeux fermés, elle gagne ensuite le bloc opératoire, se lave soigneusement les mains et les avant-bras, endosse la tenue verte stérile, blouse, chapeau, gants, pousse la porte de la pièce. Elle y est, enfin. Darlène est là, étendue sur la table, profondément anesthésiée, un champ opératoire recouvrant son corps. Un chef de clinique

1. La Bétadine, produit désinfectant, est utilisée pour laver le corps et les cheveux d'un patient avant une intervention chirurgicale.

a déjà ouvert son sternum. Son cœur palpite, au fond de sa poitrine. Il est gros. Très gros…

— CEC en route. On clampe l'aorte.

Sans un mot, à gestes communs, mille fois répétés, l'équipe se met en marche. La CEC est en place, l'anesthésiste injecte la solution de cardioplégie permettant d'arrêter le cœur tout en le protégeant et en lui fournissant les éléments de sa survie jusqu'à la reprise de son activité. Francine Leca et Christian Latremouille peuvent entrer en piste.

À gestes sûrs, précis, les deux chirurgiens interrompent la circulation sanguine entre l'aorte et le cœur. Celui-ci palpite un moment encore. S'arrête. Ils peuvent, maintenant, l'ouvrir et atteindre les valves. Bonne surprise. La grande mitrale est restée souple. On va pouvoir mettre en place un dispositif d'annuloplastie, fabriqué en matière synthétique, qui, cousu à la base de la valve, lui redonnera sa forme. Bientôt, c'est chose faite. L'anneau est soigneusement cousu par une série de points séparés en U, son étanchéité vérifiée par un test à l'eau.

— C'est bon. Ça tient.

Francine Leca est satisfaite. La plastie semble bonne. Ensuite, elle déclampe l'aorte. Et elle regarde le cœur qui, doucement, se remet à palpiter. On peut arrêter la CEC.

— On va vérifier le travail par une échographie transœsophagienne.

L'examen est effectué. Derrière son masque, Francine Leca grimace. Il reste une fuite sur la tricuspide. Elle ne peut pas laisser les choses en l'état. Elle demande au pompiste de remettre la CEC en route. Cette fois, les chirurgiens n'arrêtent pas le cœur. Durant seize minutes, au contraire, ils opèrent alors qu'il bat doucement, régulièrement. À partir de cet instant, le compte rendu opératoire indique, sèchement : « *Atriotomie droite, faufilage sur les insertions des valves antérieure et postérieure d'un fil de suture selon la technique de De Vega, fermeture atriotomie droite, contrôle ETO, CEC interrompue, fuite tricuspide résiduelle persiste, mais minime.* » Les mots techniques recouvrent des gestes délicats mais sûrs, un travail précis et méticuleux de couture, une agilité et une technique sans faille et, pour finir, la guérison presque complète de Darlène, dont on referme à présent le thorax.

À la même heure, à l'hôpital de Massy, le Dr Joy Zoghbi termine l'intervention qui va sauver la vie de Guershon, admis hier en réanimation à la suite d'un malaise. Emri Belli, lui, répare le cœur de Nina, 14 kilos pour 1,05 mètre, qui, à 7 ans, va enfin pouvoir grandir. Yousra, 2 ans et demi, porteur d'un canal artériel, est déjà en réanimation – il est le premier, ce matin, à être passé au bloc. Félicité, deux ans, attend son tour à Marie-Lannelongue. Après elle, en seconde position, comme on dit dans le jargon hospitalier, ce sera au tour de Kenny. À 18 mois, il souffre d'une tétralogie de Fallot qui devrait pouvoir être réparée sans trop de problèmes.

Rue Saint-Augustin, Émeline, Tiphaine, Marion et Pascale Grais retiennent leur souffle. Il est trop tôt, encore, pour demander des nouvelles des enfants opérés aujourd'hui. Elles font leur travail quotidien, préparent des arrivées, règlent des départs, décrochent le téléphone. Mais elles ne seront tranquilles que quand, enfin, on leur annoncera que pour Guershon, Nina, Darlène, Yousra, Félicité, Kenny et les autres tout s'est bien passé.

XII.

Ciella

Les enfants opérés ce matin dorment encore, dans le service de réanimation qui les a accueillis après l'intervention chirurgicale. Reliés à un respirateur artificiel, bardés de tuyaux, ils sont sous surveillance constante. Autour d'eux, le silence, troué seulement par les bips des machines et le chuchotement des infirmières. Parfois, la sonnerie du téléphone fait sursauter. La plupart du temps, même les pas des uns et des autres sont feutrés.

Rien n'est encore joué pour eux : les 48 heures suivant une chirurgie cardiaque sont cruciales. Les yeux fermés, ils ressemblent à de petits gisants. Mais, déjà, le personnel note d'imperceptibles signes de réveil. Un cil qui frémit. Une lèvre qui tremble. Une main qui bouge, légèrement. Bientôt, ils ouvriront les yeux. Bientôt, on retirera de leur gorge le tuyau qui envoie l'oxygène à leurs poumons.

Dans les locaux de Mécénat chirurgie cardiaque, Émeline, à son bureau, organise l'arrivée des enfants du mois suivant. Tiphaine, elle, programme les billets d'avion de ceux qui repartent. Marion envoie mail sur mail, pour avoir des nouvelles de ceux qui sont rentrés. Le téléphone sonne : correspondants, bénévoles, demandeurs d'information, journalistes, médecins, inconnus désireux d'avoir des renseignements, familles d'accueil. L'une d'elles s'enquiert de la pointure du petit garçon qui va arriver d'ici une quinzaine de jours – personne ne l'a, et pour cause, il marche pieds nus chez lui. Une autre s'inquiète : va-t-elle recevoir une photo de la famille ? Sans doute pas. Une telle photo, au Niger, coûte l'équivalent d'un mois de salaire. Il faudra s'en passer, même si oui, bien entendu, concède Émeline, ce serait mieux de l'avoir – tout comme la pointure. Une troisième se demande pour quelle raison elle n'est pas prioritaire lors des consultations dans les hôpitaux. Une quatrième se dit fatiguée : le bébé venu du Cameroun dort très mal et demande à boire au milieu de la nuit. C'est normal, répond Émeline, il n'a que 8 mois. Peut-être pourriez-vous décaler l'heure du dernier biberon ? La famille va essayer. Mais tout de même. Émeline ne comprend pas bien la situation. Elle qui n'a jamais accueilli… Soupir de l'intéressée. C'est vrai. Elle n'a jamais pris chez elle un enfant de Mécénat chirurgie cardiaque. Mais elle est maman et connaît son content de nuits blanches.

15 heures. Le téléphone continue de sonner. Dans la salle d'attente, un couple désireux d'accueillir patiente. Émeline les recevra dès qu'elle aura raccroché. Marion, elle, finit de mettre en page l'annuaire des

médecins référents, un document qui sera précieux à l'association. Tiphaine prépare la prochaine mission, celle qui mènera Pascale Grais, le Dr Vincent Lucet, Pascale Cochet, infirmière et famille d'accueil, et Antoine Bonfils, photographe, en Côte d'Ivoire. Francine Leca, elle, est assise à son bureau, face à Pascale. Un café à la main, elle l'écoute avec attention.

— J'ai reçu un mail du Tchad, dit Pascale. Pour deux dossiers, dont celui d'un garçon de 30 ans.

Francine Leca hausse les sourcils. Mais à 30 ans, on n'est plus un enfant ! Quant au second cas, celui de Fanta, que développe à présent Pascale Grais, il est désespéré.

— On va écrire, dit la chirurgienne : « *Cher ami, ton mail se termine par "Je suis un rêveur." C'est vrai. J'en suis une, moi aussi. Mais dans le cas de Fanta, nous dépassons toutes les limites du raisonnable. Cette jeune fille souffre d'insuffisance cardiaque, d'arythmie, son cœur est énorme, l'hypertension pulmonaire est fixée. Je crains que, malgré un remplacement valvulaire, on n'ait pas de bons résultats. Il faut malheureusement reconnaître que, parfois, nous avons nos limites. Je suis plus que désolée. Toutes mes amitiés…* »

Silence. Le visage de Francine Leca est grave. Elle hésite. Va-t-elle revenir sur sa décision ? Elle le voudrait bien, on le devine. Elle déteste refuser un patient, même s'il n'y a qu'une chance sur mille de le sauver – c'est mieux que rien, a-t-elle l'habitude de dire. Mais non, pas cette fois. Elle fait signe à Pascale de continuer.

— Le mari d'Anne-Claire, l'une de nos familles d'accueil, met la dernière main à la rénovation de Laënnec. Voulez-vous visiter le chantier ?[1]

Le visage de Francine Leca s'éclaire. Laënnec... Revoir cet hôpital, dans lequel elle a passé tant d'années, mettre à nouveau ses pas dans la cour pavée, passer devant la chapelle, l'ange de pierre, le cadran solaire ?

— Ah ! oui, je veux bien, dit-elle à Pascale. Tu te souviens ? C'est là que nous nous sommes connues. Je débutais la chirurgie, et toi le secrétariat. On était juste à côté des locaux de la chirurgie expérimentale. On faisait des expériences sur l'atrésie tricuspide[2] sur des chiens...

Pascale Grais sourit. Oui, elle se souvient bien de cette période et de sa complicité avec Francine Leca. Elle se souvient aussi qu'elle jonglait entre sa famille, son travail et cette association qui n'en était encore qu'à ses balbutiements. Elle n'a jamais cessé depuis.

— Madame Leca, dit-elle, tirant la chirurgienne de sa rêverie, il faut aussi que l'on prenne une décision pour Ciella.

Francine Leca hoche la tête. Soucieuse. Voilà huit semaines, maintenant, que Ciella a été opérée. Huit semaines qu'elle est hospitalisée dans le service de réanimation de l'hôpital Marie-Lannelongue. Huit

1. L'hôpital Laënnec a été fermé en 2005. Il est transformé en appartements sociaux et de luxe. Les galeries ont été respectées, ainsi que la chapelle.

2. Malformation cardiaque très grave.

semaines qu'elle ne peut pas être sevrée du respirateur qui la maintient en vie. Et voilà qu'aujourd'hui, ses reins sont en train de lâcher et qu'il faut la placer sous dialyse. Un calvaire pour elle. Une catastrophe pour Mécénat, puisque chaque journée de « réa » coûte 3 000 euros à l'association.

— Mais comment est-ce qu'on en est arrivé là ? lance la chirurgienne, dont les pommettes ont viré au rouge. Pascale, pour la énième fois, redonne-moi le dossier…

Il est là, devant elle, ce lourd dossier jaune. Elle l'ouvre et la photo d'une adolescente de 15 ans lui sourit. Visage rond, grands yeux sombres, sourire enjôleur, Ciella est née à Bujumbura, la capitale du Burundi. Son père et sa mère sont sans profession, mais se débrouillent, sans que l'on sache bien comment, pour élever dignement leurs quatre enfants. Ils rêvent, pour eux, d'un avenir meilleur. Comme son frère et ses sœurs, Ciella ira à l'école, apprendra à lire et à écrire et plus tard, peut-être, rejoindra l'université. En attendant, c'est un bébé malingre qui peine à manger et même à respirer.

2001. Le diagnostic est posé et il est terrible, pour qui vit en Afrique. Ciella souffre d'Apso, atrésie pulmonaire à septum ouvert, forme gravissime de la tétralogie de Fallot. Dans son malheur, la fillette a pourtant une chance, du moins sa famille le croit-elle. À force d'obstination, elle a obtenu que l'enfant soit prise en charge par Mécénat chirurgie cardiaque. Pour la première fois, à 14 mois, Ciella quitte donc les siens et sa terre natale pour prendre l'avion aux côtés d'un convoyeur inconnu. Pour la première fois, elle débarque à Roissy et est hébergée par une famille d'accueil. Mais, après les examens préopératoires, Francine Leca décide de surseoir à l'intervention chirurgicale. Ciella est très jeune, très fragile. Sa malformation, pour le moment, est encore bien tolérée. Mieux vaut attendre. L'opération aura lieu plus tard, elle en prend l'engagement. Elle s'engage, aussi à faire suivre l'enfant par l'un des médecins référents de l'association au Burundi. C'est lui qui, dix ans plus tard, en 2010, alerte Mécénat : il est temps d'intervenir.

Mais Ciella ne reviendra pas en France – pas cette fois. Son père, en effet, n'a pas l'argent nécessaire pour payer son passeport. L'intervention chirurgicale est donc remise. La jeune fille continue de grandir comme elle le peut. Elle va à l'école, parle et écrit un français parfait – mais est souvent punie parce qu'elle arrive en retard le matin. Elle pourrait protester, dire que l'établissement scolaire est loin de chez elle, qu'elle ne peut plus faire cent mètres sans s'arrêter, qu'elle perd donc du temps en route. Elle préfère baisser la tête et passer à autre chose. D'ailleurs, quoi qu'il lui en coûte, elle s'efforce de mener la vie d'une enfant de son âge. Malgré sa fatigue, elle voit ses amies, écoute avec elles M. Pokora, s'essaie à quelques pas de danse. Sa famille, elle, prie pour qu'elle survive.

Mai 2015. Ciella embarque enfin pour Roissy. Elle laisse de nouveau derrière elle son pays et ses parents. Mais aussi – elle est désormais adolescente – son amoureux. Avant de partir, ils ont échangé leur premier baiser. Il lui a promis de l'attendre. Si tout va bien, dans deux mois, elle sera de retour, guérie. Deux mois ce n'est pas long, juste un été. La rentrée des classes les verra à nouveau ensemble. Ils reprendront le cours de leurs vies – en attendant, ils se sont promis de s'écrire via Facebook. Ciella n'a pas de téléphone portable, ni de tablette, et encore moins d'ordinateur. Qu'importe. Elle trouvera bien un moyen.

C'est ainsi qu'en ce superbe mois de mai l'adolescente prend, comme tous les autres enfants de Mécénat, le chemin de la rue Saint-Augustin. Comme eux, elle patiente dans la salle d'attente – et quand vient son tour, entre dans le bureau de Francine Leca. D'emblée, la chirurgienne fait sa conquête. Est-ce son franc-parler ? Ses cheveux blancs ? Ses mains carrées qui ont tant de fois tenu le bistouri ? Ciella, si réservée d'ordinaire, ose se confier. Elle dit sa nostalgie de l'Afrique, de sa chaleur, de ses odeurs, de sa nourriture – ici, souffle-t-elle, le riz n'est pas bon. Elle exprime sa peur aussi, l'angoisse qui l'empêche de dormir, à l'idée de mourir loin des siens, dans ce pays étranger.

— Ne t'inquiète pas, lui répond Francine Leca. Ça ne va pas être facile, mais je te promets qu'on va y arriver.

La chirurgienne se souvient parfaitement de sa promesse. Malheureusement, aujourd'hui, elle n'est pas sûre de pouvoir la tenir. Opérée une première fois, Ciella présente de telles complications qu'il faut recommencer, sept jours plus tard. Depuis, à chaque fois que les réanimateurs tentent de l'extuber, elle suffoque. Pour quelle raison, exactement ? Les médecins évoquent deux hypothèses. La première, c'est que le nerf phrénique[1] aurait été abîmé au cours de l'une des deux opérations. La seconde, c'est qu'au fil des interventions, une hypertension pulmonaire se serait définitivement installée, empêchant les poumons de fonctionner. Dans les deux cas, on se trouve dans une impasse, d'autant plus dramatique que la fonction rénale de l'adolescente commence à se dégrader. Ciella, elle, désespère. Et si elle ne peut parler, elle interroge le personnel soignant en écrivant sur une petite ardoise : « *Et si on ne peut jamais enlever le respirateur ?* » Elle n'obtient de réponse qu'évasive, signe de l'embarras des médecins et des infirmières qui s'occupent d'elle.

C'est la famille d'accueil qui a fait passer le petit mot à Francine Leca. Il est joint au dossier. « *Madame Leca,* écrit Ciella, *il faut que vous disiez aux médecins de se bouger. Je ne peux toujours pas respirer et la rentrée approche. Je dois rentrer chez moi, pour recommencer à aller en classe. Je compte sur vous.* » Un petit bracelet brésilien tressé est joint au message. Francine Leca l'a noué autour de son poignet. Elle le porte toujours.

— Pascale, dit-elle en refermant la chemise jaune sur la photo de l'adolescente, il faut qu'on aille à Marie-Lannelongue.

1. Nerf qui actionne le diaphragme, organe permettant à la cage thoracique de se déployer.

Août. Autour du centre hospitalier, l'ombre est rare. À l'intérieur, la climatisation fait frissonner et les couloirs sont quasi déserts. Pour se rendre au service de réanimation, il faut prendre l'ascenseur menant au second étage, aller jusqu'à la salle d'attente, prévenir de son arrivée. En attendant que les portes du service s'ouvrent, Francine Leca et Pascale Grais passent une blouse et un calot stérile, des surchaussures, un masque. Elles franchissent ensuite des portes battantes menant à un très long couloir. À gauche, la « réa » des bébés. Un peu plus loin, la réa « adulte ». À droite, un enfant d'une dizaine d'années lutte contre la mort. Voilà quelques jours, un chien l'a mordu à la main. La blessure s'est infectée. Des bactéries sont allées se greffer sur les valves de son cœur, les détruisant en partie. Opéré à cœur ouvert, il n'est pas certain qu'il survive. Et là, au fond, à gauche, Ciella.

Elle est là depuis deux mois maintenant. Pour égayer son box, les infirmières ont placardé, sur l'un des murs, tout près d'elle, une affiche du chanteur M. Pokora. Affectueuse mais dérisoire tentative pour réconforter l'adolescente, qui gît sur son lit, reliée au respirateur. Un fantôme au visage creusé, qui semble dormir, recroquevillé sous un drap blanc. À droite, le pied de perfusion. Derrière elle, les moniteurs affichant son rythme cardiaque, sa tension artérielle, sa saturation. À côté d'elle, sur une table, la petite ardoise avec laquelle elle communique avec ceux qui l'entourent. Des livres, qu'elle ne lit pas. Un petit ordinateur, fermé. Un lecteur de DVD, qu'elle n'utilise pas – trop faible, trop déprimée, trop angoissée.

— Bonjour Ciella...

La voix de Francine Leca résonne dans la pièce. Un battement de paupières. L'adolescente ouvre les yeux, tourne vers elle un regard incrédule.

— Alors, reprend la chirurgienne, tu nous joues des tours ? Tu vois, je te l'avais dit que cela ne serait pas facile. Mais on va te sortir de là...

Août, encore, quelques jours plus tard. Rue Saint-Augustin, Pascale Grais ouvre un mail : le résultat du cathétérisme demandé par Francine Leca, à l'issue de sa visite à Marie-Lannelongue.

— Qu'est-ce que ça dit ? demande la chirurgienne, assise à son bureau.

— Hypertension artérielle pulmonaire fixée, répond Pascale, qui peine à cacher son émotion.

Francine Leca accuse le coup. Car, à cet instant, le sort de Ciella semble scellé : jamais elle ne pourra rentrer chez elle, jamais elle ne reverra ses parents, ses frères et sœurs, jamais plus elle n'embrassera son amoureux.

— Je n'y crois pas ! lance la chirurgienne. Avant les interventions chirurgicales, les pressions pulmonaires n'étaient pas si catastrophiques. Ça n'a pas pu se dégrader si vite.

Silence.

— Passe-moi Marie-Lannelongue, demande-t-elle à Pascale.

Août toujours. Pour Ciella, la situation est bloquée. D'un côté, les réanimateurs s'occupant de l'adolescente et son chirurgien, qui assurent que la seule solution est de la faire transférer à Garches, dans un centre spécial. De l'autre, Francine Leca, qui n'accepte pas cette idée. Ciella est capable de retrouver son autonomie respiratoire, elle en est certaine. Il lui faut seulement du temps et l'aide d'un personnel médical volontaire. Ce personnel, ce sera celui du Château des Côtes – puisqu'elle va demander à Vincent Lucet de prendre l'adolescente en charge.

Dans un premier temps, le médecin se montre sceptique. Il connaît bien le cas de Ciella, évoqué à plusieurs reprises lors des réunions hebdomadaires de Mécénat. Il la sait très fragile, n'est pas sûr qu'elle supportera le transfert et encore moins le sevrage en oxygène. On peut tenter de la sevrer, très progressivement, de la machine qui pour le moment la maintient en vie. Seulement voilà. Hospitalisée au Château des Côtes, l'adolescente peut décompenser, sans que personne puisse intervenir. Elle court alors vers une mort certaine...

— Écoute, dit Francine Leca à Vincent Lucet, si elle doit mourir, elle mourra. Elle n'a plus rien à perdre.

Août, enfin. Pascale Grais a passé des jours à chercher le modèle de respirateur qui permettra à Ciella de quitter la réanimation de Marie-Lannelongue. Une fois l'appareil trouvé, loué et amené à Marie-Lannelongue, le transfert de Ciella a pu être organisé. Un voyage éprouvant pour l'adolescente qui, pourtant, est infiniment heureuse de quitter enfin l'hôpital. Au Château des Côtes, sa chambre est prête. Située juste à côté du PC des infirmières, elle est modeste, un lit, un petit lavabo, une armoire, mais qu'importe. Ici, Ciella en est certaine, tout va s'arranger – Francine Leca le lui a promis et elle a foi en elle.

De fait, si incroyable que cela puisse paraître, les médecins et les infirmières du Château des Côtes vont réussir. Chaque jour, ils sèvrent un peu plus longuement Ciella de l'appareil qui lui permet de respirer. D'abord cinq minutes. Puis dix. Puis quinze. Puis vingt. Francine Leca, qui n'en croit elle-même pas ses oreilles, est informée quotidiennement des progrès de sa protégée. Ciella récupère peu à peu une fonction rénale normale. Elle recommence à se nourrir, elle qui, depuis des mois, ne voulait rien avaler. Elle respire désormais seule une heure. Puis deux. Puis trois. Sa famille d'accueil est épatée par ses progrès – même si ceux-ci sont entrecoupés de crises d'angoisse. La nuit, Ciella voit des monstres, des extraterrestres. Elle crie, hurle, se débat – les médecins sont obligés de la mettre sous calmants. Revenue à elle, elle reprend son combat. Désormais, elle se passe de respirateur durant une après-midi entière. La mi-septembre la voit sortir, pour la première fois, dans le parc, en fauteuil roulant. L'automne n'est pas là, encore, tout est vert, les pelouses, le faîte des arbres, le ciel est d'un bleu rayonnant. Ciella respire, heureuse, l'air encore chaud de ce milieu d'après-midi. Le lendemain la voit tenir toute la journée sans appareil.

Restent les nuits, au cours desquelles elle rebranche systématiquement le respirateur. Rien n'y fait. Ni les explications du Dr Lucet, ni les conseils des infirmières, ni les supplications de sa famille d'accueil. Francine Leca, avertie, décide alors de lui rendre visite, pour la seconde fois. Le soir même, l'adolescente accepte que l'on sorte la machine de sa chambre.

Ciella peut enfin quitter le château des Côtes, un départ qui a des allures de miracle. Habillée d'un jean et d'une veste grise, chaussée de bottines en cuir à talons hauts, joliment maquillée et coiffée, elle salue les infirmières et les médecins qui se sont si longuement occupés d'elle. Puis elle monte dans la voiture de sa famille d'accueil. Le chemin de leur domicile passe par le château de Versailles, l'occasion de se garer dans une contre-allée, et de prendre une photo de Ciella devant la statue de Louis XIV. Puis, comme il fait beau, si beau, l'air est doux comme au printemps, une visite de Paris en voiture est organisée. Sur le siège arrière de la voiture, Ciella découvre, émerveillée, la place de l'Étoile et l'Arc de triomphe, les Champs-Élysées, la place de la Concorde, l'Assemblée nationale, les quais, le palais du Louvre... Une place, là, à gauche, sur le quai. La famille d'accueil de Ciella peut se garer et l'amener, à petits pas – elle est encore étourdie – jusqu'à la place Saint-Michel. Là, elle s'assoit en terrasse pour boire un thé. Un peu plus tard, elle marchera jusqu'à Notre-Dame.

Quelques jours plus tard, Ciella rend une dernière visite à Francine Leca. Une dernière fois, elle patiente dans la salle d'attente. Une dernière fois, elle traverse l'open space où, derrière leurs bureaux, Émeline, Tiphaine, Marion et Pascale Grais la saluent avec émotion. Une dernière fois, elle entre dans le bureau de Mme Leca, comme elle l'appelle, et s'assoit face à elle.

— Je t'avais prévenue, Ciella, que ce serait difficile. Mais tu vois, grâce à ta ténacité et à ton courage, on y est arrivés. Tu vas pouvoir rentrer chez toi.

XIII.

Jours de fête, jours de deuil

Nina, Iaia et Faveur, Yousra, Darlène et Kenny sont réveillés et extubés. Nina ne va pas tarder à sortir du service de réanimation. Les autres vont aussi bien que possible, même si Kenny a une saturation un peu basse. Toute l'équipe de Mécénat, Francine Leca en tête, peut respirer – pour le moment. Si les 48 heures suivant une chirurgie cardiaque sont déterminantes, il faut attendre encore une bonne dizaine de jours avant d'être totalement rassuré. Dans ce délai, tout peut basculer, dans un sens comme dans l'autre – la médecine elle-même peine, parfois, à expliquer pourquoi.

Elle porte le joli prénom d'Espérance et vient du Burundi. À 14 ans, elle vit en compagnie de ses parents et de ses six sœurs dans quatre pièces sans eau ni électricité. Elle souffre d'une insuffisance mitrale et d'une insuffisance aortique massives[1] que les chirurgiens de

1. Les valves aortique et mitrales d'Espérance sont très abîmées, ce qui provoque d'importantes fuites.

l'antenne d'Angers doivent corriger. Après avoir atterri à Roissy, elle prend donc le chemin d'une Touraine automnale et découvre la douceur des bords de Loire. François et Isabelle, ses parents d'accueil, se prennent immédiatement de sympathie pour cette adolescente souriante et confiante. Promenades en voiture, longues siestes, apprentissage du tricot : les premiers jours se passent superbement et c'est avec un pincement au cœur qu'ils l'amènent, comme prévu, dans le service de chirurgie cardiaque du CHU d'Angers, le service de pointe, dirigé par le Pr Jean-Louis de Brux. À Paris, Francine Leca a confiance. Espérance, malgré la gravité de son cas, devrait s'en sortir.

Mais le remplacement des valves aortique et mitrale s'avère très difficile. Quand le cœur d'Espérance redémarre, après l'arrêt de la CEC, c'est à un rythme totalement anormal. Il faut le choquer avec un courant électrique externe – et si cette manœuvre est effectuée avec succès, le ventricule gauche de la jeune fille reste défaillant. Une situation d'urgence, qui justifie l'implantation d'un dispositif d'assistance transitoire baptisé Ecmo[1]. Ce minicœur artificiel permet à Espérance de survivre. Mais les jours passent et la situation ne change pas. Pire encore. Malgré les anticoagulants qui lui sont administrés, un caillot se forme dans l'une de ses veines et sa température monte à plus de 39 °C – une fièvre due

1. Extracorporel membrane oxygenator : procédé d'assistance circulatoire mis en place en cas de cœur défaillant.

à une infection pulmonaire. Pour ceux qui s'occupent d'elle, à Angers, Espérance est perdue.

Aujourd'hui encore, à Mécénat, tous se souviennent de l'émotion de Francine Leca quand elle a annoncé à son équipe que l'Ecmo d'Espérance allait être retiré, qu'il était inutile de s'acharner. Un silence bouleversé s'en est suivi, avant que tout le monde retourne à son poste. Espérance va mourir. Mais d'autres enfants seront sauvés. Il faut les faire venir, les accueillir, les opérer. Visages fermés, larmes retenues, Marion, Tiphaine, Émeline et Pascale Grais se sont concentrées sur leurs tâches respectives. Francine Leca, elle, est restée un long moment seule dans son bureau. Personne ne s'est avisé de la déranger.

Angers. L'équipe du Pr Jean-Louis de Brux s'apprête à interrompre l'Ecmo d'Espérance. Tous savent ce que cela signifie : son cœur s'arrêtera alors, pour ne plus repartir. Au bloc, l'émotion est grande. Lorsque, au fond du thorax de la jeune fille, le muscle cardiaque se retrouve livré à lui-même, les visages se ferment, un lourd silence s'installe. Mais, à l'immense surprise de tous, le petit cœur continue de battre doucement. Puis plus fort. Les battements se font réguliers. Incrédules, les médecins et les anesthésistes regardent les écrans sur lesquels le tracé du rythme cardiaque s'affiche. Une minute s'écoule. Puis deux. Puis dix. La pression artérielle reste correcte. Contre toute attente, le cœur a repris, seul, sa fonction.

Un miracle. Voilà ce qui vient de se produire à Angers. Car, Francine Leca le confirmera quelques heures plus tard, il n'y a absolument aucune explication médicale à ce qui s'est passé. Et ce miracle, tenace, se renouvelle à chaque seconde au cours des jours suivants : le cœur d'Espérance continue de battre de manière régulière. Elle peut être sortie du coma artificiel dans lequel elle était plongée depuis la seconde intervention chirurgicale et extubée. Une semaine plus tard, elle sort de réanimation et entame sa convalescence dans une des chambres du service de chirurgie cardiaque. Deux mois jour pour jour après son arrivée en France, elle s'envole pour le Burundi, où elle retrouve sa famille. Mais Espérance est toujours présente dans le cœur de toute l'équipe de Mécénat. Et dans le bureau de Francine Leca, la photo de la jeune fille souriant à côté du Pr Jean-Louis de Brux est affichée en bonne place.

Non loin d'elle, une mignonne fillette vêtue d'une robe blanche et noire sourit, elle aussi, à l'objectif. Elle s'appelle Déborah. Sa survie à elle s'est jouée contre la montre. L'enfant a 30 mois quand ses parents, qui vivent à Ouagadoudou, la capitale du Burkina Faso, envoient une demande de prise en charge à Mécénat. Quelques semaines plus tard, elle est examinée par le Dr Alain Vaquier, en mission au Burkina pour l'association. Ce dernier alerte Francine Leca : Déborah souffre d'une forme aggravée de la tétralogie de Fallot. Elle doit être opérée au plus vite. À Paris, on se prépare à l'accueillir. Mais le dossier administratif de la fillette n'est pas complet : ses parents ont bien du mal à obtenir un passeport, faute de déclaration de naissance. Quelques mois de plus s'écoulent donc. Et quand tout est enfin prêt, billet d'avion compris, l'enfant est hospitalisée pour une très mauvaise bronchite. Il faut attendre, encore.

Déborah finit par arriver à Roissy. Une enfant frêle et maigre, qui peine à respirer, refuse de manger et se recroqueville sur elle-même, en position de « squatting »[1]. Par chance, Francine Leca a prévu de la voir le jour même, rue Saint-Augustin. Quand elle arrive dans son bureau, la fillette est au bord du malaise. Et à l'auscultation, la chirurgienne n'entend aucun souffle – signe que les choses sont en train de très mal tourner.

— Il faut la faire hospitaliser, dit Francine à Pascale Grais. Tu peux lui trouver une place rapidement ?

Déborah est admise dans l'après-midi à l'hôpital de Massy. Heureusement. Le lendemain 21 janvier, sa saturation en oxygène n'est plus que de 50 %. Elle fait un malaise si grave que les soignants croient la perdre.

Le Dr Joy Zoghbi, chirurgien cardiaque à l'hôpital de Massy, prend immédiatement la mesure de la gravité de la situation. Dans la demi-heure qui suit, la fillette est sur la table d'opération – mourante, puisque sa saturation en oxygène a encore chuté : elle n'est plus que de 20 %. Joy Zoghbi fait poser une circulation extracorporelle en urgence et ouvre le thorax de la

1. L'enfant adopte une position couchée « en chien de fusil », les cuisses repliées sur l'abdomen, ou s'accroupit. Ces positions permettent une récupération plus rapide après la désaturation en oxygène consécutive à un effort.

fillette. Survivra-t-elle à l'intervention ? Lui-même n'en est pas certain…

Et pourtant ! Les suites de l'opération sont si simples que l'on croit rêver. Quarante-huit heures après être sortie du bloc, Déborah sourit à sa famille d'accueil. Ses ongles sont roses et elle se tient déjà assise. Le lendemain, elle quitte la réanimation et commence à faire quelques pas dans le couloir du service de chirurgie cardiaque. Une fillette transformée, gaie, vive, joueuse, à l'appétit féroce, qui profite pleinement d'une convalescence tranquille et regagne Ouagadoudou deux mois après son arrivée, jour pour jour. Ses parents ne la reconnaîtront qu'à peine, tant elle a changé. Un miracle, une fois encore ? Pas tout à fait. La guérison de Déborah tient pour beaucoup à la dextérité de Joy Zoghbi, qui a su, dans une situation d'extrême urgence, réparer un cœur sur le point de s'arrêter. Francine Leca saluera la compétence du chirurgien, tandis que l'équipe de Mécénat fête avec allégresse la renaissance inattendue de Déborah.

Juin 2015. Il fait un temps superbe. Ciel bleu, air doux, faîte des arbres d'un vert profond, pelouses drues : le château des Côtes est magnifique. Le centre médical s'est transformé, le temps d'une journée, en lieu de fête. Comme chaque année, on célèbre, ici, les familles d'accueil de Mécénat chirurgie cardiaque. Allocution de Francine Leca et de Patrice Roynette, pot de l'amitié suivi d'un déjeuner en forme de pique-nique, tombola, cadeaux, ce sont des heures douces, ponctuée des rires et des cris des enfants qui courent dans l'herbe ou autour des tables. Parmi eux, un jeune garçon vêtu d'un jean et d'une chemise à carreaux flambant neufs, assis sur une chaise roulante, savoure visiblement chacun des instants qui passent.

Il s'appelle Nicolas. Il a 11 ans et vient du Cameroun. Sa mère est élève institutrice. Son père l'a abandonné. Il est atteint d'une insuffisance mitrale massive et d'une fuite sur la valve tricuspide. Durant sa courte vie, en fait, Nicolas n'a eu qu'une seule chance, celle d'avoir, à ses côtés, une grand-mère qui l'adore. C'est elle qui prend rendez-vous avec le médecin référent de Mécénat chirurgie cardiaque à Yaoundé. Elle, encore, qui lui demande de transmettre son dossier à l'association. Elle, toujours, qui travaille dans les champs ou vend les beignets qu'elle a préparés pour payer les documents médicaux demandés par Tiphaine. Mais elle a beau trimer, elle ne gagne presque rien. Et l'état de Nicolas, lui, se dégrade. Bientôt, il doit être hospitalisé.

La grand-mère de Nicolas est une femme modeste. Elle n'a jamais voyagé, sait à peine lire et écrire. Mais elle a du courage et de la ressource. Elle veut, elle doit sauver son petit-fils. Pour cela, elle est prête à tout, y compris à demander un rendez-vous au ministère de la Santé publique, à Yaoundé. Combien de fois téléphone-t-elle d'un portable qu'elle recharge sou à sou ? À combien de personnes parle-t-elle ? Quoi qu'il en soit, elle parvient, enfin, à décrocher une entrevue pour expliquer son cas.

Le salut de Nicolas ne viendra pourtant pas de sa grand-mère, qui attend désespérément une réponse à sa requête, mais d'une Américaine venue visiter un garçonnet partageant sa chambre à l'hôpital. Émue par la détresse de l'aïeule, elle propose de payer les examens médicaux nécessaires à la constitution du dossier et de faire une collecte pour acheter le billet d'avion. Grâce au dévouement de cette inconnue, Nicolas arrive à Roissy, où une ambulance l'attend pour l'emmener au Château des Côtes. Mais il est sans doute déjà trop tard : quand ils l'examinent, les médecins de l'établissement sont pessimistes. Nicolas est mourant. Même s'il tient jusqu'à l'intervention, il est peu probable qu'il y survive.

La chirurgie, programmée quelques jours plus tard, est périlleuse. Après la réparation des valves, le cœur de Nicolas peine à battre. Ses deux ventricules sont défaillants, ses reins fonctionnent très mal. Il est bientôt en état d'insuffisance cardiaque sévère. Mais il lutte férocement pour rester en vie. Là-bas, au Cameroun, sa grand-mère est témoin de ce combat. Chaque jour, elle téléphone à Mécénat pour prendre des nouvelles. Chaque jour, elle assure que Nicolas, un battant, va gagner.

Et tel est bien le cas. Avec l'aide d'un lourd traitement médicamenteux, l'état du petit garçon s'améliore. Nicolas ouvre les yeux. Il sourit. Il avale quelques cuillerées de compote, boit un peu d'eau. On le redresse dans son lit, on ôte une partie des perfusions qui lui trouent les bras. Il prend sa première douche, savourant l'eau qui coule sur son corps. Et il quitte la réanimation pour une chambre dans le service de cardiologie, avant d'être transféré au Château des Côtes. Le jour de la fête des familles, on l'autorise même à descendre dans le parc, en fauteuil roulant. Francine Leca, émue, voit une fillette de son âge lui donner un gros baiser sur la joue, en signe d'encouragement. Une belle histoire de plus ? Oui. Car Nicolas peut rentrer au pays. Sa grand-mère, joyeuse, l'attend à l'aéroport. Quelque temps plus tard, l'association reçoit une somme de 4 600 euros. Cet argent a été octroyé par le ministère de la santé camerounais à la grand-mère de Nicolas, afin qu'elle puisse faire soigner son petit-fils. L'aïeule aurait pu le garder. Elle n'en a rien fait. Nicolas est de retour près d'elle, vivant. D'autres enfants profiteront de la somme qu'elle a si âprement obtenue.

Parmi eux, un petit garçon prénommé Harold, qui habite au Cameroun, lui aussi, et qui a connu une épopée médicale digne d'un épisode du « Dr House ». Tout commence avec la naissance de ce « *garçon tant espéré* », comme l'écrit son père, dans une lettre à l'association. Harold voit le jour en grande souffrance fœtale. Les médecins qui parviennent à le ranimer se rendent vite compte qu'il est atteint d'une malformation cardiaque très grave. À 18 mois, il est pris en charge par Mécénat, mais le Dr Jean-François Piéchaud, qui réalise son échographie à l'hôpital de Massy, se montre pessimiste. « *La malformation est si complexe qu'il est même difficile de la décrire* », écrit-il dans son compte rendu. Dans ces conditions, faut-il opérer ou pas ? Francine Leca et les chirurgiens en discutent longuement, pesant le pour et le contre. Pour finir, la décision d'intervenir est prise. Mais Harold, arrivé en France début janvier, souffre d'une rhino-pharyngite, puis d'une bronchiolite qui reculent la date opératoire. Et ce n'est qu'à la fin du mois qu'on le descend au bloc.

Décrire le travail effectué sur le cœur minuscule de ce petit garçon est impossible tant il est complexe. Écrivons seulement que les chirurgiens opèrent durant vingt et une heures, un temps record, avant de refermer enfin son thorax. Harold a supporté l'anesthésie, la CEC et l'intervention. Mais, au sortir du bloc opératoire, il semble impossible qu'il survive. Du liquide a envahi sa cavité abdominale. L'un des tubes minuscules mis en place pour pallier ses malpositions veineuses et artérielles semble bouché. Faut-il tout recommencer ? On décide, en tout cas, de rouvrir son thorax. Au détour d'une nouvelle intervention, un caillot de sang situé tout près du cœur est extrait. Les jours suivants, le liquide gonflant l'abdomen s'écoule par des drains, et l'état général d'Harold semble s'améliorer. On peut alors l'extuber. À son réveil, le garçonnet tend les bras à sa famille d'accueil, qui n'a pratiquement pas quitté son chevet. Un moment de joie intense, très vite gâché par son état neurologique. Harold bave, incapable de fermer la bouche. Le lendemain, ses selles noires signent une hémorragie digestive. La fièvre monte. 38. 38,5. 39. Nous sommes le 23 février. Harold est en réanimation depuis trois semaines maintenant. Les médecins et les infirmières soufflent à sa famille d'accueil que l'espoir de le voir guérir s'amenuise. De son côté, l'équipe de Mécénat s'apprête à prévenir ses parents, au pays.

Puis, soudainement, tout s'arrange. La fièvre tombe. Harold peut fermer la bouche et ne bave plus. L'hémorragie digestive est maîtrisée. On ne saura jamais comment le miracle s'est produit. Début mars le voit entamer sa convalescence au Château des Côtes. Il retrouve ensuite sa famille d'accueil – qui le soignera, une fois encore, quand il attrapera une otite. Et le 2 avril, enfin, Francine Leca autorise son retour au pays où, depuis, il mène la vie d'un garçonnet heureux et épanoui. L'une des photos reçues depuis par l'association le montre même sur un manège d'auto-tamponneuse.

Comme Espérance, Déborah, Nicolas et Harold, sans oublier Ciella, de très nombreux enfants ont survécu, alors que tous les croyaient promis à une mort prochaine. D'autres, malheureusement, n'ont pas eu cette chance. Ousseynou, 2 ans et demi, venu du Sénégal, essayait de courir aux côtés de son frère jumeau, mais n'y parvenait pas, tant il était essoufflé. Sa famille avait mis tous ses espoirs dans l'intervention chirurgicale qui, en France, devait le guérir. Il est mort à la veille de Noël, à Massy, d'une hémorragie pulmonaire. Keita, 11 ans, née au Congo-Kinshasa, a bien supporté l'intervention chirurgicale, mais, une heure seulement après avoir été admise en réanimation, son cœur a cessé de battre. Ilona, 6 ans, a fait un arrêt cardiaque, alors même qu'elle venait de sortir de réanimation. Annie, sa maman d'accueil, venait de sortir de sa chambre et lui avait promis de lui amener, le lendemain, la poupée dont elle rêvait. Et Kenny, que nous avons quitté alors qu'il venait d'être opéré, vient d'être victime d'un œdème pulmonaire.

Il est arrivé du Burundi voilà deux semaines maintenant. Son vol avait beaucoup de retard et sa convoyeuse n'avait pas prévu suffisamment de couches pour le changer. Le petit costume noir qu'il portait était maculé d'urine et d'excréments. Anna, sa maman d'accueil, s'est empressée de le lui ôter, dans les toilettes, et de le remplacer par un jogging propre. Ensuite, elle a jeté le vêtement à la poubelle – incapable de supporter l'odeur qu'il dégageait. Serge, son mari, l'a récupéré. « Je le laverai. » Anna a haussé les épaules, vaguement protesté – puis a oublié, trop occupée à faire connaissance avec le garçonnet.

Jeux et rires, dînettes improvisées et couchers tardifs, la semaine précédant l'intervention chirurgicale a été bien occupée. Kenny est un bébé sympathique, vif, éveillé et câlin. Sur les photos prises par Serge, on le voit jouer à cacher son visage à l'aide de son bavoir, puis rire aux éclats quand Anna le lui retire. Il tient debout, esquisse ses premiers pas. « Vous verrez, dit Anna à Francine Leca, après l'opération, il va marcher très vite ! »

Lundi, 16 heures. Anna quitte l'hôpital de Massy, où elle vient d'amener Kenny, qui a déjà fait craquer les infirmières. Ce soir, elles ont prévu de dîner avec lui – il y a des frites et de la viande, elles lui feront partager leur repas. Plus tard, elles raconteront à Anna comment Kenny a avalé le tout, avec de grandes portions de ketchup et de mayonnaise. Il est gai, vivant, heureux. Le lendemain matin le voit serein et il ne pipe mot quand on lui fait prendre une douche à la Bétadine avant de l'emmener au bloc.

Anna et Serge ont déjà accueilli plusieurs enfants. Confiants ou inconscients, ils n'ont tremblé pour aucun d'eux avant la chirurgie. Ils ont eu raison puisque tous se sont merveilleusement rétablis. C'est donc le cœur léger qu'Anna appelle le service de réanimation dans lequel se trouve Kenny. Le premier jour, on lui assure que tout va bien. Le second aussi. Mais le troisième, l'infirmière dit simplement :

— Je vais vous passer le médecin.

Le médecin ? Anna, tout d'abord, ne se méfie pas. Elle salue son interlocuteur. Puis elle écoute les mots prononcés à l'autre bout du fil. Œdème pulmonaire. Arrêt cardiaque. Séquelles neurologiques. Anna entend, mais ne veut pas comprendre. Tout ça est grave, bien sûr. Mais ça va aller tout de même, n'est-ce pas ? dit-elle.

Mais non. Rien ne va. Quand Anna et Serge arrivent au chevet de Kenny, il gît, inerte, les yeux mi-clos. Il ne bouge pas, ne cille pas, ne réagit à rien. Il faudra dix jours aux médecins pour admettre qu'ils ne parviendront pas à le sauver. Dix jours à l'issue desquels son cœur finira par s'arrêter.

Marion, Tiphaine, Émeline et Pascale Grais connaissent toutes ce moment terrible, celui où l'on met en bière un enfant pris en charge par l'association. À tour de rôle, elles accompagnent la famille d'accueil venue l'embrasser une dernière fois. C'est Pascale qui est aux côtés d'Anna quand elle caresse le front de Kenny. Il porte le petit costume noir et la chemise dont il était vêtu lors de son arrivée. Demain, il rentrera chez lui.

Jours de fête. Jours de deuil. Miracles et drames. C'est cela, la vie de Mécénat. Et ce sont aussi d'incroyables surprises. Francine Leca se souvient encore de Darcine, 13 ans, arrivée du Burundi par une belle journée d'automne. Une fille, indique le dossier. Une fille, vraiment ? Au premier bain, sa maman d'accueil, surprise, constate qu'elle a plutôt les attributs sexuels d'un garçon. Un garçon ? Pas du tout, assure le médecin référent de Mécénat au Burundi. Darcine est bien une fille. La huitième de la fratrie ! Pour lever l'ambiguïté, des examens médicaux sont demandés. Ni fille, ni garçon, concluent les experts en la matière. Darcine est hermaphrodite. Elle est repartie guérie, habillée en fille – et son ambiguïté sexuelle ne l'empêche nullement de travailler dur à l'école, où elle est excellente élève.

Autre surprise de taille : celle des médecins réanimateurs penchés sur Bénédicte, une jeune Congolaise de 18 ans qui vient d'être opérée. Là, dans son ventre, juste sous la peau, quelque chose bouge. Une échographie est réalisée. Et l'on découvre un fœtus de 3 mois et demi, très en forme, à en juger par sa mobilité.

Bénédicte est rentée au pays, où elle a accouché sans problème d'une jolie petite fille. Aux dernières nouvelles, la mère et l'enfant se portent très bien !

XIV.

Repartir

Les enfants ont été opérés voilà maintenant deux, trois ou quatre jours. Ils vont mieux, déjà. Il est temps pour eux de quitter Massy, Marie-Lannelongue, ou Pompidou pour le Château des Côtes. Le voyage est effectué en ambulance et avec précaution : la chirurgie est très récente. Un peu anxieux, franchement dépaysés, les uns sont admis à la pouponnière, unité des nourrissons et des jeunes enfants, les autres chez les plus grands, au « château ». Ici comme là-bas, une même odeur de désinfectant et de soupe, des murs clairs ornés de dessins de couleurs vives, des chambres parfois petites, mais toujours fonctionnelles. Un hôpital qui ne dit pas son nom, où les « petits Mécénat », comme on les appelle, entament leur convalescence. Le personnel médical est aguerri, les infirmières compétentes. Des blouses roses égaient les journées encore difficiles, passées entre examens médicaux – échographie, électrocardiogramme, prises de sang –, repas et sommeil. Les familles d'accueil rendent des visites régulières. Certaines s'installent même à l'hôtel ou à la maison « parents enfants » pour être plus près et plus présentes. Pascale Grais, elle, prend des nouvelles chaque jour. Tiphaine les répercute à la famille, au pays. Et, en cas de problème, Francine Leca n'hésite pas à décrocher le téléphone elle-même. Les « petits Mécénat » reprennent quant à eux des forces jour après jour.

Il faut les voir, au début, étendus sur leur lit, incapables, encore, de se redresser, pyjama entrouvert sur leur cicatrice. Ils esquissent un pâle sourire quand leurs familles d'accueil entrent dans leur chambre, mais le cœur n'y est pas. Sédatés pour ne pas avoir mal, ils souffrent tout de même. Que l'on se rassure. Cela ne dure pas longtemps. Les plus petits tentent vite un quatre pattes. L'instant d'après on les voit debout, accrochés aux barreaux de leurs lits. Kirk et Guershon, les petits Haïtiens, pleurent sans discontinuer – des hurlements de bon aloi, prouvant que leur capacité respiratoire est revenue à la normale. Candy, elle, veut absolument marcher – pas facile quand on n'a pas encore le droit de sortir de sa chambre. Les plus grands, eux, se redressent plus difficilement, mais s'y essaient tout de même. Peu à peu, ils redeviennent autonomes, vont du lit à la douche ou aux toilettes, débranchant eux-mêmes les capteurs les reliant au monitoring qui surveille, encore, leurs signes vitaux. En règle générale, le séjour est court et la première sortie en chaise roulante ou en poussette dans le parc en signe la fin toute proche. À condition, bien sûr, qu'aucune complication n'intervienne. Nour a un œdème autour du cœur, c'est fréquent, mais ennuyeux. Gérard voit sa cicatrice s'infecter : il faut le réhospitaliser, l'endormir, pour nettoyer. Iaia souffre de palpitations et les médecins ont du mal à équilibrer son traitement anticoagulant. Pascal, 3 ans, a attrapé une bactérie multirésistante. Il doit rester sous perfusion d'antibiotiques pendant six interminables semaines. Anne-Lise, sa maman d'accueil, ne le quitte pratiquement pas durant tout ce temps, lui donnant à manger, le lavant, l'emmenant dans la salle de jeu, perfusion traînée derrière lui. Oui, aux Côtes, le temps paraît parfois interminable. Il y a des hauts et des bas, de l'espoir et des contretemps, de petits malheurs et beaucoup de soins – mais vient, toujours, la dernière échographie, le dernier bilan sanguin. Et l'annonce du médecin : « Il est sortant demain. »

C'est ainsi que les enfants quittent le château ou la pouponnière. D'un coup, sans préavis. La famille d'accueil venait visiter un malade et elle repart, incrédule, avec un enfant guéri ou presque – il ne reviendra en principe que pour trois contrôles, réalisés à une semaine d'intervalle. Un au revoir aux infirmières et, déjà, dehors, la voiture attend. Le temps de charger les bagages dans le coffre, d'attacher la ceinture en prenant soin de ne pas faire souffrir, et l'on démarre. On roule doucement, pour éviter les à-coups et les ornières. Au premier virage, un champ s'étend, à droite, dans lequel paissent des chevaux – la vision ressemble à celle du livre d'images qu'on leur lisait au sortir de l'intervention chirurgicale. C'était il y a dix jours, à peine. C'était il y a mille ans.

Commence alors un séjour heureux. Habillés et chaussés de neuf par leurs « parents » souvent très généreux, connaissant « leur » maison par cœur, ils prennent peu à peu goût à cette vie en France qui leur faisait si peur au début de leur séjour. Bien sûr, Nina continue de regarder son album photo avec nostalgie. Évidemment, Phone refuse toujours la nourriture occidentale et fait son ordinaire de nouilles lyophilisées. Mais la première apprend les Fables de La Fontaine, tandis que le second passe des heures à lire, sur une encyclopédie, les noms français des animaux. Candy, restée bougonne pendant quatre semaines, bavarde comme une pie – à 2 ans, elle fait du français sa langue maternelle. Naomie excelle à faire sauter les crêpes. Keita a oublié les souks de Damas, sa ville natale, et passe de longues heures à faire du shopping dans les galeries commerciales. Moussa a appris à compter jusqu'à dix et sait son alphabet par cœur. Quant à Sidi, il découvre avec stupéfaction que jouer au ballon ne provoque plus chez lui aucun malaise. Tous prennent du poids, grandissent, les bébés recroquevillés sur eux-mêmes s'assoient, d'autres plus avancés commencent à se tenir debout, d'autres font leurs premiers pas, d'autres encore se mettent à courir et, surprise, ne sont pas essoufflés. Un changement spectaculaire, même pour ceux dont le cœur n'a pas pu être totalement réparé, mais seulement « amélioré ». « Mieux vaut un pigeon vivant qu'un aigle mort » !

Ils vont mieux, donc. Ils sont même parfois très en forme… Nina, si sage hier encore, chipe l'huile de massage dans la salle de bains et la renverse sur un bureau. Pour cacher sa bêtise, elle éponge avec un T-shirt et de l'eau, avant de s'essuyer vigoureusement les mains un peu partout. Sarah fait tomber le téléphone portable de sa maman d'accueil dans les toilettes. Elie, lui, en efface les photos. Moustapha règne sur les enfants de sa famille d'accueil et n'hésite pas à leur donner des ordres. Suzanne casse la souris de l'ordinateur. Omar affirme qu'il sait conduire et veut prendre le volant. On le lui interdit. Il dérobe les clefs, s'installe, met le contact, démarre et défonce la porte du garage. Place de la Concorde, David sort de la voiture de ses parents d'accueil, heureusement à l'arrêt, et s'en va faire une petite promenade à pied sous les yeux médusés des passants. Diane dessine au feutre indélébile le drapeau de son pays, le Sénégal, sur les murs de sa chambre. Emmanuel a une indigestion après avoir mangé une boîte entière de chocolats. Et, à grand renfort de coups de ciseaux, Safia tente de mettre à sa taille l'une des robes de sa maman d'accueil.

Bêtises ou pas, le but est atteint, ils sont guéris, ou presque. C'est le temps des rires et des jeux, des promenades dans Paris, des photos devant la tour Eiffel. Les escaliers se montent à grande vitesse, certains s'essaient à la patinette, d'autres au vélo. Hayat, 12 ans, va pour la première fois de sa vie à la piscine, et accepte de se déshabiller pour entrer dans le petit bain. Moukda visite le camp des Loges, guettant le passage des footballeurs du PSG. Abdrahmane va acheter le pain. Dans leur poussette, Kirk et Guershon rient aux éclats et tendent les bras à leurs parents d'accueil. À l'heure de la promenade, les passants interrogent. Vous l'avez adopté ? Comme on explique que l'enfant est venu en France pour être opéré à cœur ouvert, ils hochent la tête. Oui. Ils connaissent l'association. Ils ont vu un reportage, lu un article, entendu Francine Leca ou Patrice Roynette parler à la radio. Tous sont enthousiastes, hormis quelques grincheux : « Ça coûte cher à la Sécurité sociale », entend-on parfois. On leur explique qu'elle n'a rien à y voir, ils restent trop souvent sceptiques. On reprend son chemin. Imane va pour la première fois de sa vie au cinéma, Fatima visite le musée du Louvre. D'autres s'arrêtent, au retour des Côtes, devant le château de Versailles. Un cours d'histoire plus tard, ils connaissent Louis XIV, le plus grand des rois de France. Salima, très fière, demande à être photographiée sous sa statue de pierre. Aux alentours, des marchands venus d'Afrique. Pour la première fois depuis deux mois, Djibril, 4 ans, entend parler wolof – il serre plus fort la main d'Eva, sa maman d'accueil, s'empare de la petite tour Eiffel que l'homme lui tend, fait au revoir de la main. Bientôt, lui dit Eva, tu vas rentrer chez toi. Il tourne vers elle des yeux étonnés. Chez lui, c'est ici, en France, non ? Les enfants de Mécénat sont entre deux mondes, le leur et le nôtre. Ils quittent le premier, l'oublient, ou presque, pour se fondre dans le second. Mais bientôt, leur dit-on, il va falloir repartir…

Repartir ? Pas encore. Auparavant, passage heureux et quasi-obligé, les « petits Mécénat » sont invités à aller visiter le parc Disneyland Paris, et en guest stars[1] ! Un voyage extraordinaire, qui les mène du château de la Belle au Bois dormant au labyrinthe d'Alice, en passant par la nacelle de Peter Pan. Phone rit aux éclats dans les tasses tournant à toute vitesse. Abdrahmane monte avec bonheur dans les bateaux des Pirates des Caraïbes. Moussa reste bouche bée devant le petit train de la mine. Et Joe et Naomie, émerveillés, assistent à une parade à l'issue de laquelle de la neige se met à tomber – elle est fausse, mais comment pourraient-ils l'imaginer ?

Peu de temps après, dans la salle d'attente de l'association, des enfants et leurs familles d'accueil patientent. L'heure est au chahut, aux rires et aux échanges joyeux. Phone et Candy, Melad, Steffie et Chris ont tous étés opérés. Francine Leca les reçoit une dernière fois pour s'assurer qu'ils peuvent bien rentrer chez eux. Le premier rendez-vous, celui de l'arrivée, était grave et anxieux. Celui-ci est plein d'allégresse. Et toute l'équipe salue ces enfants transformés. Ils ont grandi, grossi. Ils respirent parfaitement. Ils courent, ils jouent, ils crient. Et surtout, ils ont le sourire.

— Allez, Phone, on y va.

Phone et sa maman d'accueil prennent la direction du bureau de Francine Leca. Sérieux comme un pape,

1. Le parc Disneyland offre généreusement des « pass prioritaires » aux enfants de Mécénat et à leurs familles d'accueil.

le petit Birman salue la chirurgienne, avant de s'asseoir, face à elle, le regard grave.

— Bonjour, Phone...

Il ne dit rien, mais hoche imperceptiblement la tête. Sa main serre celle de sa maman d'accueil – geste tendre, demande de protection ? Depuis qu'il sait qu'il va partir, Phone, qui a toujours dormi sans problème seul dans sa chambre, vient se blottir contre elle durant la nuit.

— Alors, dit la chirurgienne, il semble bien que tu sois guéri. Viens là.

Phone se lève, fait le tour du bureau, se plante devant Francine qui pose, une dernière fois, son stéthoscope sur sa poitrine. Elle écoute, avec attention, gravité. L'espace de quelques secondes, trente, pas plus, le temps se fige.

— Parfait, dit enfin Francine. Tout va très bien. Tu veux un bonbon ?

Phone repart, la joue gonflée par la friandise. Tiphaine, qui a organisé son retour au pays, remet son billet d'avion à sa maman d'accueil. Dans le bureau de Francine Leca, Candy lui succède. Elle a pris deux kilos depuis l'intervention et ressemble à une poupée, avec ses joues roses et ses cheveux noirs coupés au carré. Rien à dire, elle peut repartir, elle aussi, serrant contre elle l'ourson Mécénat que vient de lui donner Marion. Place à Melad, petit Syrien de 2 ans, qui vient de vivre un accueil des plus difficiles sur le plan médical.

Melad est né à Damas et a grandi au cœur de la guerre. Le bruit des explosions, le fracas des immeubles qui s'effondrent, l'odeur de fumée qui se dégage des bâtiments en feu, l'angoisse d'une population martyre, prise en tenaille entre les différentes factions qui se disputent la ville. Voilà ce que sa famille connaît depuis de longues années maintenant. Mais cette angoisse n'est rien comparée à celle qu'il leur procure. Melad souffre en effet d'une très grave malformation cardiaque, de celles qui ne peuvent être totalement réparées, mais seulement améliorées. Francine Leca a accepté de le prendre en charge. Sa mère a réussi à l'amener jusqu'à Beyrouth, pour qu'il puisse prendre l'avion. Mais, à son arrivée, Anne, sa maman d'accueil, est alarmée par son état. Fatigué, somnolent, le petit répond à peine aux stimuli. Cinq jours plus tard, la chirurgie est tentée – une intervention réussie, mais qui se complique malheureusement d'un œdème du larynx qui le laissera aphone, et d'une détresse respiratoire. Melad est de surcroît fébrile, encombré, essoufflé à l'extrême. Il faudra deux mois pour le tirer d'affaire. Mais au moment où, enfin, il entre dans le bureau de Francine Leca, pour la dernière consultation, la Syrie est plus que jamais à feu et à sang.

Le problème s'est déjà souvent posé, hélas. Faut-il ou non renvoyer les enfants dans des pays en guerre ? À cette question, Francine Leca a toujours répondu : oui, avec la plus grande fermeté. D'où qu'ils viennent, quelles que soient leurs conditions de vie, les « petits Mécénat » ne sont pris en charge que dans un seul but : les guérir de leur malformation cardiaque. Ils doivent, ensuite, rentrer chez eux et retrouver leurs parents ou, s'ils sont orphelins, les institutions au sein desquelles ils sont pris en charge. Cette position peut paraître cruelle, mais elle ne souffre aucune exception – il y va de la crédibilité et du futur de l'association. Quelques aménagements peuvent cependant être trouvés, dans des situations extrêmes. Ainsi, dans le cas de Melad, Francine Leca hésite-t-elle. Le père du petit garçon vient d'obtenir un visa suédois. Il a gagné ce pays et tente de faire venir sa famille auprès de lui. Dans ces conditions, il vaut peut-être mieux attendre.

— Madame, demande la chirurgienne à Anne, pourriez-vous garder cet enfant chez vous quelques mois de plus ? La situation à Damas est catastrophique. Sa mère nous demande de différer son retour.

Anne est d'accord, bien sûr. Elle s'occupera de Melad le temps qu'il faudra. Ensuite, comme Georges, 3 ans, Rama, 10 ans, Moussad, 15 ans, et tous les autres, il reprendra le chemin de son foyer. En espérant qu'entre-temps sa mère ait, elle aussi, récupéré un visa pour la Suède.

17 heures. Steffie, 4 ans, entre dans le bureau de Francine Leca. La fillette qui avait été fascinée par la chemise à poissons de Francine Leca lors de son premier séjour en France, quelques mois plus tôt seulement, a dû revenir en urgence pour une nouvelle intervention. La semaine qui a suivi l'opération a été catastrophique, les médecins ont cru la perdre plusieurs fois. Mais elle a résisté. Elle a survécu. Et la voilà aujourd'hui, petite boule d'énergie, qui se plante devant la chirurgienne, les poings sur les hanches :

— Ah mais c'est le bazar ici !

Le fou rire est général. Il atténue, un peu, la tristesse de ses parents d'accueil. Ils savent, tout comme les médecins, que Steffie est en sursis. Pendant la seconde intervention chirurgicale, les médecins ont en effet découvert qu'elle souffrait de cardiomyopathie[1]. Dans quelques années, si Steffie ne bénéficie pas d'une transplantation cardiaque, elle sera condamnée. En attendant, grâce à la seconde intervention, elle a gagné en confort de vie, un point essentiel pour Francine Leca, qui rappelle souvent que, de toute façon, « nous sommes tous condamnés ». Alors Steffie prend congé dans la joie, quand Christ arrive, l'air furieux.

Il a 10 ans et est guéri, mais il refuse obstinément l'idée de rentrer chez lui. Là-bas, pourtant, sa famille l'attend. Il s'en moque. Il veut rester en France, chez ses parents d'accueil. Comme bien d'autres enfants pris en charge par Mécénat.

Certains, comme Maryam, jeune Camerounaise de 10 ans, ont de la famille en France – son père, en l'occurrence. Elle a donc décidé de profiter de son séjour pour le retrouver et a attendu le moment propice pour échapper à sa famille d'accueil. En ce jour d'hiver, le père est parti travailler, les enfants sont à l'école, et Solange, la maman, doit aller faire des courses. « Il fait trop froid, dit Maryam. Je préfère rester devant la télévision. » Solange hésite un moment, puis finit par

1. Maladie touchant le muscle du cœur et réduisant sa capacité de pomper et de renvoyer le sang dans l'organisme.

céder. Elle va juste à la boucherie et à la boulangerie, elle n'en a pas pour plus d'une demi-heure. Après tout, Maryam est grande. Elle peut rester seule. « Surtout, dit-elle avant de partir, tu n'ouvres à personne. D'accord ? » Maryam acquiesce, roulée en boule sur le canapé, devant un dessin animé. La porte d'entrée claque. Elle attend quelques minutes puis se lève, enfile un manteau, des baskets. La voilà dehors, qui traverse le jardin de la propriété, située en grande banlieue parisienne. Mais impossible de sortir. Prudente, Solange a fermé le portail à clef. Qu'à cela ne tienne, Maryam décide de l'escalader. Le RER est tout proche, elle le sait pour l'avoir déjà emprunté.

C'est un voyageur qui a finalement donné l'alerte. Maryam était assise seule dans une rame, nez collé à la fenêtre. Comme il lui demandait ce qu'elle faisait là, elle lui a tendu un bout de papier portant le nom d'une rue et d'un arrondissement de Paris. « Vous savez où c'est ? » a-t-elle demandé. Le voyageur a vite compris que la fillette s'était sauvée. Sa famille d'accueil l'a retrouvée au commissariat. Francine Leca, alertée, a accepté qu'elle voie son père dans les locaux de Mécénat. Une rencontre plutôt froide, puisqu'il lui a simplement lancé : « Mais ma fille qu'est-ce qui t'a pris ? Ce n'est pas comme ça que je t'ai élevée ! » Maryam est finalement rentrée chez elle. Mais d'autres enfants, peu nombreux il est vrai, ont réussi à rester en Europe.

Aéroport de Bruxelles, 2006. Henriette, 20 ans, qui vient de subir une lourde opération du cœur en

France, est en transit. Elle attend, seule, l'avion qui doit la ramener au Rwanda, pays dont elle est originaire – et où une partie de sa famille a été exterminée au cours d'une sanglante guerre civile[1]. Hasard incroyable, elle rencontre, dans l'aéroport, l'une de ses compatriotes qui engage la conversation avec elle. Et qui, au fil de leurs échanges, finit par la persuader de ne pas embarquer. Mamadou, lui, n'a jamais pris le vol Nantes-Paris. Il a échappé à son convoyeur en prétextant une envie pressante. La police, alertée, ne l'a jamais retrouvé, pas plus qu'Arlette, opérée à deux reprises, en 2000 et 2008, et qui a faussé compagnie à sa famille d'accueil après la seconde intervention.

Faut-il continuer à prendre en charge des adolescents ou de très jeunes adultes susceptibles de fuir leur pays une fois guéris ? La question a été mille fois posée lors des réunions de Mécénat, dédié normalement aux plus jeunes. La réponse a toujours été la même. Comment pourrait-on les laisser de côté ? Personne n'en a le cœur, et surtout pas Francine Leca. Alors, oui, l'association va parfois au-devant de problèmes, mais ceux-ci ne constituent dans son histoire qu'un épiphénomène. Car, dans leur immense majorité, les enfants reprennent l'avion pour rentrer chez eux.

Là-bas, leur famille les attend, impatiente de leurs retrouvailles. Ici, leurs parents d'accueil préparent les valises, toujours bien plus remplies qu'à l'arrivée.

1. Depuis cette affaire, tous les enfants de Mécénat, quel que soit leur âge, sont raccompagnés par des convoyeurs.

Jouets et livres, vêtements et chaussures, et même, parfois, une patinette ou un appareil photo – sans oublier le petit album photo résumant le séjour. Les dernières heures en France sont à la fois gaies et mélancoliques. La dernière promenade, le dernier bain, le dernier dîner. Ils sont encore là, à table, au milieu de toute la famille. Ils sont déjà un peu partis, on le sait, on s'en réjouit – du moins en apparence. Les larmes ne sont pas loin. Sait-on si, un jour, on les reverra ? On voudrait parfois les garder. On se promet de tenter d'avoir de leurs nouvelles, on ajoute un mail, un téléphone, dans la valise. On les laisse jouer plus longtemps que d'habitude, on prend encore quelques photos. On les borde tendrement et on les embrasse deux fois plutôt qu'une. Au milieu de la nuit, on se relève, pour venir les voir dormir, une dernière fois.

Et puis voilà, c'est déjà le matin et la route pour l'aéroport. On a le cœur serré, mais on ne le montre pas. Certains « grands » sont heureux de partir – Nina est de ceux-là. Les autres sont partagés, dans leur grande majorité. Les bébés, eux, continuent de babiller. La route s'étire, comme à l'aller, deux mois se sont écoulés, on ne les a pas vus passer. Embouteillages ou pluie, soleil ou brouillard, on finit toujours pas arriver, à l'heure, bien sûr. Le convoyeur d'Aviation sans frontières a donné rendez-vous devant la porte d'embarquement et, comme à l'arrivée, tout va très vite. Un bonjour rapide, des présentations, voilà, c'est le monsieur, ou la dame, qui va te ramener. Les passeports et les billets d'avion changent de main, on va enregistrer les bagages. Quelques minutes encore. Une dernière photo. Un dernier baiser. Cette fois, il faut se séparer. Miguel, Kirk, Guershon et Candy hurlent à pleins poumons. Nina s'en va, heureuse, sans un geste d'adieu. Phone embrasse tendrement et pour la première fois sa maman d'accueil. Puis, luttant contre ses larmes, il donne vaillamment la main au convoyeur. Naomie et Joe renâclent, finissent par hocher la tête quand on leur dit qu'il faut vraiment y aller. Iaia a eu la surprise de voir arriver son oncle et ses cousins – même à Mécénat on ignorait qu'il avait de la famille en France. Quant au petit Igor, c'est son papa qui s'est avancé. « Dieu vous bénisse, a-t-il dit à la maman d'accueil du bébé. Dieu vous bénisse, je retrouve mon fils en bonne santé. » Ils ont pris l'avion du retour ensemble, avec le convoyeur…

XV.

La vie d'après

À Mécénat, jamais on n'archive un dossier. Ils restent rangés sur les étagères après le départ des enfants. Chemises jaunes portant nom, numéro, et renfermant désormais une vie entière. Ces deux mois passés en France, l'intervention chirurgicale, les souffrances, la convalescence, la guérison, le bonheur près de la famille d'accueil, les jeux et les rires, et cette longue cicatrice qui restera à jamais un lien et un signe distinctif. Les enfants ont retrouvé leur famille et leurs habitudes, mais l'association ne les oublie pas. Elle prend toujours soin d'eux, à distance – et, pour commencer, elle s'efforce de les aider sur le plan scolaire.

Pourquoi sauver la vie de ces enfants, si c'est pour les renvoyer ensuite dans des pays défavorisés, parfois misérables, où ils ont si peu de chances de s'en sortir ? Cette question, beaucoup l'ont posée à Francine Leca. La chirurgienne y a répondu en 2008, quand elle a décidé de créer un parrainage scolaire pour permettre aux « petits Mécénat » issus des familles les plus défavorisées d'aller à l'école. Guérir, c'est bien. Instruire, c'est encore mieux. Suivre les enfants dans leurs études, c'est planter, un peu partout dans le monde, des graines d'espoir. Voilà pourquoi des bénévoles, sous la houlette de Martine et Daniel Blanlœil, s'efforcent de récolter des fonds, qu'ils redistribuent, ensuite, en fonction des besoins. Le principe est simple : à chaque enfant correspond un parrain, qui verse, en son nom, la somme mensuelle de 30 euros. La cellule parrainage gère cet argent en le redistribuant, non aux familles, mais aux établissements scolaires. Pour en bénéficier, les enfants doivent justifier d'une présence assidue. Grâce aux référents présents sur place, un suivi est possible – notamment au Laos. Parfois, des délégués de Mécénat viennent contrôler par eux-mêmes que tout se déroule bien. Ainsi Martine et Daniel Blanlœil sont-ils partis pour Vientiane, quand Françoise Dusson et Marie-Stanis Rony allaient à Bamako, au Mali. Le résultat ? À ce jour, cent soixante-dix enfants de quatorze pays – du Sénégal à la Côte d'Ivoire, en passant par le Burkina Faso et le Togo – bénéficient du parrainage scolaire. C'est peu. Mais la cellule « parrainage » a bien l'intention de faire mieux.

Dans la salle d'attente, ses membres s'installent : Martine et Daniel Blanlœil, Marie-Stanis, Lili, l'épouse de l'acteur Patrick Préjean, Yannick, Chantal. Tous se connaissent depuis longtemps et s'estiment. Certains sont familles d'accueil, d'autres « donnent un coup de main » à Mécénat depuis des années. Chacun d'eux est responsable des parrainages d'un, voire deux pays. Et, comme chaque semaine, ils font le point, sous la houlette de Marion, qui fait le lien avec l'équipe médicale.

— À Madagascar, dit Martine Blanlœil, c'est toujours un peu compliqué. On a dix-sept enfants à parrainer, mais ils ne sont pas regroupés. Il y a beaucoup de primaires, un peu de collèges, deux jeunes filles en terminale et un en postbac, dans une école d'informatique, à Tananarive…

Oui, les choses sont compliquées, et pas seulement à Madagascar. Au Burundi, pays en proie à des troubles politiques de plus en plus importants, les écoles viennent de fermer. Les enfants parrainés pourront-ils valider l'année, déjà bien entamée ? Le contraire serait dommage. Ils sont onze, là-bas, tous extrêmement assidus. Pas une absence. Pas un retard. Au Burkina Faso, même assiduité, dans un contexte moins tendu. Au Sénégal, une nouvelle référente va prendre ses fonctions. Et en République démocratique du Congo, où quinze enfants sont pris en charge par l'association, une Mission visitera prochainement les écoles et cherchera à mieux cerner leurs conditions de vie.

Car, s'ils sont rentrés, il n'est pas certain, loin de là, qu'ils se réadaptent très facilement à leur milieu d'origine. Pendant leur séjour en France, les enfants de Mécénat ont été gâtés. On leur a fait goûter à des mets de choix ou, tout simplement, donné à manger à leur faim pour la première fois de leur vie. Ils ont dormi dans un lit, fait de longues promenades dans Paris, ils ont été rhabillés de neuf. Les garçons ont joué à la Game Boy ou à la Wii, les filles ont fait du shopping. Leurs parents d'accueil, attentionnés, leur ont offert livres et jouets, parfois même un téléphone portable. Et un lien très fort s'est tissé avec eux… Peuvent-ils vraiment oublier tout cela et reprendre leur vie d'avant sans nostalgie ? Pour le savoir, mais aussi pour les aider, autant que faire se peut, sur le plan personnel comme sur le plan médical, Mécénat prend régulièrement de leurs nouvelles.

C'est Marion qui est chargée de cette tâche. Passionnée d'humanitaire, titulaire d'un master gestion des risques des pays du Sud, la jeune femme a été engagée par l'association en juillet 2013. Après un stage de fin d'études à Montréal, un séjour en Inde, où elle a travaillé pour l'aide internationale à l'enfance, six mois aux côtés de Médecins sans frontières, en itinérance, et six mois en Côte d'Ivoire avec une ONG, elle a dû s'adapter à la vie de bureau. Mais, même si elle a parfois la nostalgie des longues missions humanitaires à l'étranger, elle reste rue Saint-Augustin « pour les enfants ». Marion se souvient de tous ceux qu'elle a rencontrés. Roumane, venue du Tchad, ne lui a pas lâché la main de la porte d'entrée jusqu'au bureau de Francine Leca. Au hasard d'une autre consultation, elle s'est prise d'affection pour un petit Tchadien et a décidé de le parrainer. Elle allait l'annoncer quand elle a appris son décès. Elle a assisté à la mise en bière de la toute petite Eunyce, âgée de 9 mois, en mars 2014 et a accusé le choc quand Seynou, qu'il avait fallu deux ans pour faire venir, est décédé lui aussi. Elle a tremblé pour Harold, resté trois semaines en réanimation et qui, maintenant, « pète le feu à Douala ». Elle a ri quand un jeune Guinéen qui, à l'arrivée, ne pouvait pas parler tant il était fatigué lui a lancé, au téléphone : « Bon il faut que j'y aille, je dois me brosser les dents tous les soirs avant de me coucher. » Elle a été émue aux larmes quand, dans le bureau de Francine Leca, une fillette s'est mise à pleurer « parce qu'elle pouvait courir, maintenant ». Et elle met un point d'honneur à faire le point, régulièrement, sur leur devenir.

Bien sûr, pour des raisons de barrière de la langue, ou d'isolement, il est parfois difficile de communiquer directement avec les familles. Les référents médicaux de Mécénat sont donc pour la jeune femme de précieux contacts, tout comme les familles d'accueil, qui gardent souvent des liens avec leurs protégés et vont parfois même les voir chez eux. L'un dans l'autre, à force de ténacité, Marion a des nouvelles d'environ 80 % des enfants – un record, car le suivi peut être particulièrement difficile, notamment dans les pays en guerre. Ainsi a-t-elle perdu la trace de Malaz, 3 ans et demi, opéré d'une cardiopathie complexe avant de rentrer chez lui, en Syrie. Qu'est devenu cet enfant charmeur, gai et très courageux ? Est-il vivant ou mort ? Et Mourad Ali, 7 ans, venu d'Irak, reparti guéri ? Dans son dossier, une photo le montre avec sa famille d'accueil, sur la terrasse de Saint-Germain-en-Laye. Il serre contre lui l'ourson à l'effigie de Mécénat et fixe l'objectif de ses grands yeux verts. Où se trouve-t-il aujourd'hui ? Marion est également sans nouvelles d'Abdoul, 16 mois, magnifique bébé rond et joufflu, qui vivait à 800 kilomètres de Cotonou, au Bénin. Abdrahmanne, le jeune Sénégalais qui dévorait un poulet entier chez ses parents d'accueil a lui aussi disparu – son père est mort, sa mère a dû déménager, elle n'a pas laissé d'adresse…

Mais qu'importe. Jour après jour, Marion continue de chercher. Et chaque jour, dans ses mails, elle découvre un lot de bonnes et de mauvaises nouvelles. Certaines relèvent de l'anecdote : Éloi, jeune Burundais de 6 ans, réclame à son père musulman des « *coquillettes et du jambon* », comme en France. Patrick fait observer à ses parents que dans sa famille d'accueil « *on mange assis autour d'une table, et avec des couverts* ». D'autres serrent le cœur : Mawa, qui habite un bidonville situé sur les hauteurs d'Haïti, passe de longs moments à regarder son album photo de France. L'arrivée, à l'aéroport de Roissy. La maison de sa famille d'accueil. L'hôpital. Le Château des Côtes. Et le château de Versailles sous la neige, une splendeur – un paradis perdu. Aminata est boudée par ses frères, parce qu'elle a ramené trop de jouets. D'autres, enfin, laissent inconsolables : la petite Emy, tout juste rentrée au Laos en pleine forme, est décédée d'une intoxication alimentaire foudroyante. Pi, Laotien lui aussi, s'est noyé dans une flaque de boue, au moment de la mousson…

Il y a les drames. Mais il y a aussi, et surtout, les nouvelles qui réchauffent le cœur. Iaia, dont la convalescence a été si longue et si difficile, a repris le chemin de l'école. Il poste, sur Facebook, des dessins colorés et joyeux. Daphné et Noula, 16 et 3 ans, toutes deux placées dans la même famille d'accueil, à des périodes différentes, se sont rencontrées au Cameroun autour d'un goûter organisé par leurs familles respectives. Deo Gratias, qui n'a pas été opéré, va bien tout de même. Les tout premiers enfants pris en charge par Mécénat vont venir de Moldavie, en groupe, pour remercier Francine Leca. Raiza, la jeune Philippine, a entamé une licence de biologie. Herman, jeune Camerounais opéré par la chirurgienne à Necker, souhaite venir en France pour faire un stage en entreprise. La famille appuie sa demande d'un mot chaleureux : « *Il faut dire à Mme Leca qu'elle a sauvé notre fils, il doit faire des études brillantes pour lui rendre cette chance.* » Cheick suit une formation d'assistant infirmier au Sénégal. Maimouna, qui souffrait d'une sévère insuffisance mitrale, est aujourd'hui mariée et mère de quatre enfants. Son médecin lui a demandé, gentiment, de ne pas se faire « enceinter » d'un cinquième petit. Joëlle s'est mariée, elle aussi, et souhaite devenir maman. Phatanasy, 11 ans après son intervention, a successivement mis au monde Donuts et Focus. Antoine, opéré de son cœur malade, mais aussi d'un très vilain bec-de-lièvre, est scolarisé, bon élève, et vient d'avoir une petite sœur prénommée Anne-Sophie – comme sa maman d'accueil. D'innombrables bonheurs, dont la liste n'est bien sûr pas exhaustive.

Lundi. Le Dr Vincent Lucet pousse la porte du 33 de la rue Saint-Augustin. Avant la traditionnelle réunion de 15 heures, il vient consulter les dossiers des enfants opérés, dont Marion demande régulièrement des nouvelles à distance. Les « petits Mécénat » doivent en effet, comme tous ceux qui ont subi une intervention de chirurgie cardiaque, être surveillés régulièrement par un cardiologue, au moins une fois par an. Si un problème se pose, l'association est là pour le résoudre à distance. Modification de traitement médical, demande d'examens plus approfondis, Vincent Lucet sait exactement ce qui doit être fait – les médecins référents, sur place, se chargent d'appliquer ses directives. Il sait aussi quand un enfant doit revenir en France pour subir une nouvelle chirurgie qui sera, elle aussi, prise en charge par l'association. Certaines pathologies congénitales demandent en effet deux à trois interventions, tout comme le remplacement de valves abîmées par des bioprothèses, ou leur plastie. Ainsi Aminata, 20 ans, qui vit au Sénégal et a été opérée d'une insuffisance mitrale en 2008, et qui aujourd'hui va très mal. Mais aussi Gédéon, 25 ans, qui a bénéficié d'une bioprothèse aortique en 2010, ou Salima, qui a, elle, été opérée en 2003 et vient de fêter ses 28 ans. Ces enfants qui ne sont plus des enfants, faut-il, une nouvelle fois, les prendre en charge ? Aujourd'hui, le problème se pose de manière aiguë à l'association. Car, dans quelques années, ils seront des dizaines…

— Eh oui, répond Francine. Les enfants grandissent. Mais on ne peut pas les laisser. On les a pris en charge. Ils ne vont quand même pas mourir maintenant, quand on pourrait les sauver. On va se débrouiller pour les programmer…

Une dizaine d'enfants est partie. Une dizaine d'autres arrive. À Roissy, à Orly, les familles d'accueil sont là, qui les attendent. Dans les centres hospitaliers des antennes de province, comme dans ceux de la région parisienne, les places au « bloc » sont réservées. Ensuite, les enfants iront au Château des Côtes, avant de rentrer, pour quelques semaines, dans leur famille d'accueil. Puis ils reprendront l'avion à leur tour. Dix par mois, en moyenne, ils sont nombreux, mais ce n'est pas assez, encore. Dans le monde entier, d'autres attendent de pouvoir venir. En cette fin d'année, ils sont cent cinquante, qui doivent être opérés en urgence. Ne manque plus que l'argent nécessaire à leur intervention. 12 000 euros par enfant.

Cet argent, Francine Leca veut le trouver. On la connaît, elle s'en donnera les moyens. Comment pourrait-il en être autrement ? Elle a prêté, voilà quarante-quatre ans maintenant, le serment d'Hippocrate. Elle a juré de donner ses soins à l'indigent. Et elle a, ô combien, tenu parole.

XVI.

Merci

Il est 20 heures, ce 17 septembre 2015. La prestigieuse salle Gaveau, temple de la musique classique, va bientôt ouvrir ses portes. Dans le hall, une petite foule se presse. Il y a des « people ». Mais aussi et surtout des anonymes, petit cœur blanc sur fond rouge épinglé au revers de leur manteau ou de leur veste. Huit cents personnes en tout venues écouter le pianiste Jean-Philippe Collard qui dédie son récital aux enfants du monde, aux bénévoles, aux familles d'accueil et à tous ceux qui s'engagent au quotidien pour faire vivre l'association. À l'entrée de la salle, pour les accueillir, un homme, vêtu d'un élégant costume gris, légion d'honneur à la boutonnière : Patrice Roynette sorti, le temps d'une soirée, de l'ombre dans laquelle il fait œuvre si efficace.

Patrice Roynette est le cofondateur de Mécénat. C'est aussi celui qui le fait vivre. C'est sous sa houlette, en effet, que le pôle développement récolte des fonds. Quand on sait que chaque enfant opéré coûte, en moyenne, 12 000 euros à l'association – qui ne bénéficie d'aucune subvention publique pour la prise en charge des factures des onze centres hospitaliers pratiquant les interventions de chirurgie cardiaque –, on mesure combien son rôle est important. Depuis vingt ans, il le tient avec brio, tout en menant de concert, et sans fatigue apparente, sa vie à la tête de Proway, société spécialiste du recrutement interentreprise haut de gamme. « Double vie, double boulot », dit-il, avec un sourire amusé. Et d'ajouter : « dont l'un totalement gratuit ». Déjeuners, réunions, dîners, week-ends sont aux couleurs de Mécénat, tout comme les événements qu'il a contribué à organiser et à préparer, et auxquels il participe. Ce soir, c'est le concert de la salle Gaveau : déjà, la salle qui bruissait de murmures se tait aux premières notes de Chopin. Demain, ce seront, entre autres, les 24 Heures du Mans, le Trophée du cœur, qui mobilise pour la bonne cause quatre cents golfeurs à Saint-Nom-la-Bretèche, les Petits Déjeuners ou les Goûters du cœur, offerts par le Café de la Paix, ou le Marché de Noël, gigantesque vente caritative organisée chaque année au palais des Congrès. Patrice Roynette y sera, comme à chaque fois, jovial, accueillant. Et, dans cet agenda déjà bien chargé, il trouvera encore le temps d'être famille d'accueil, aux côtés de son épouse, Sophie. Il est vrai qu'en chef d'entreprise avisé, il a su, au fil des années, s'entourer d'une équipe solide.

Elle est installée dans la deuxième partie de l'open space, à gauche du bureau de Francine Leca. Quatre bureaux dans une grande pièce, trois autres dans une plus petite, des téléphones sonnant sans interruption, des ordinateurs allumés de 9 heures à 19 heures, là encore, on travaille sans relâche. Grégory s'occupe de la cinquantaine d'entreprises partenaires et du marketing – il partage ce secteur avec Stéphan, également en charge de la logistique. Charlotte et Marie-Sophie sont toutes deux chefs de projet événementiel. Les quatre piliers du pôle développement, aidés ponctuellement par des stagiaires, et rejoints voilà un an maintenant par Orso Chetochine, le fils de Francine Leca.

Grand, carré, direct, professionnel en diable, Orso a enfin rattrapé cette mère qu'il voyait trop peu quand il était enfant. Peut-être le rêvait-elle chirurgien, alors. Lui voulait être pompier. Aujourd'hui, ce parfait communicant dirige le pôle développement de Mécénat chirurgie cardiaque. Il « sauve ainsi des enfants sans avoir fait médecine ». Et pour cela, place à l'imagination, à l'ambition et à l'audace, mais aussi à l'enthousiasme, dont ne manquent ni les uns, ni les autres. En 2014, grâce à de multiples sources de financement, le pôle développement a réussi à collecter l'impressionnante somme de 4,396 millions d'euros[1].

D'où vient cet argent, exactement ? Il est aisé de le dire : en matière de finances, l'association est transparente. En tête des recettes, l'argent provenant des appels aux dons sous toutes leurs formes : mailing aux

1. Rapport d'activité annuel de Mécénat chirurgie cardiaque, disponible sur Internet.

mots soigneusement pesés et aux photos qui donnent des visages à la cause, panneaux publicitaires mis à disposition par des entreprises partenaires, réseaux sociaux, reportages dans les médias. Un seul slogan, qui fait mouche : « Ayons du cœur pour qu'il en ait un. » Les Français y adhèrent, qui ont, en 2014, donné 1, 697 million d'euros. Les cinquante entreprises partenaires de Mécénat, elles, s'engagent le plus souvent autour du coût moyen de l'opération d'un enfant, soit 12 000 euros. Une somme considérable.

Il existe d'autres donateurs, plus inattendus : ceux qui souhaitent transmettre une partie ou tous leurs biens à l'association, faisant ainsi des enfants opérés leurs héritiers directs. Sophie, l'épouse de Patrice Roynette, est leur contact – il fallait bien sa trempe, sa perpétuelle bonne humeur et sa délicatesse pour assumer cette tâche. Puis, Sophie connaît tout de l'association. Elle l'a vue naître, a assisté à la mise en place de sa double structure. Elle a été famille d'accueil. Elle sait ce que représente la prise en charge d'un enfant : « Le faire venir, dit-elle, c'est comme écrire un roman policier. Va-t-il venir à la consultation, dans son pays ? Sa famille réunira-t-elle les documents médicaux demandés ? Les fera-t-elle parvenir à l'association ? Francine Leca le prendra-t-elle ? Et ensuite, va-t-il avoir son visa ? Être à l'aéroport ? Se séparer de sa mère ? Arriver vivant jusqu'à la table d'opération ? Survivre à la réanimation ? Et guérir enfin ? Est-ce que ça va marcher, quoi ?! » Une excellente ambassadrice, on l'aura compris, qui tisse avec ceux qui souhaitent transmettre des fonds après leur mort des liens à la fois rigoureux et sensibles. « *Merci*, lui a écrit récemment l'un d'eux. *Grâce à vous, j'ai l'impression d'avoir une famille.* » Sophie en est encore émue.

De ses rencontres avec les donateurs, François Babou, le pro de la communication venu seconder Patrice Roynette aux premières heures de l'association – et qui y est encore bénévole aujourd'hui –, a tiré un joli recueil d'anecdotes. La plus savoureuse est sans doute celle du « moujik », comme il l'appelle. Il est tard, 20 heures, peut-être même 20 heures 30. Dans les locaux de l'époque, rue de Marignan, François reçoit un étrange coup de téléphone. « Pouvez-vous venir à la gare de l'Est demain soir ? » lui demande un inconnu à l'autre bout du fil. La gare de l'Est ? Voilà qui n'arrange pas François. Son interlocuteur ne peut-il pas faire un saut dans le 8e ? L'inconnu finit par accepter. Le lendemain soir, François voit arriver un grand gaillard barbu, portant toque de fourrure.

— Tenez, lui dit ce dernier, en lui tendant une enveloppe kraft, un rien grasse.

— Qu'est-ce que c'est ?

— De l'argent. Ma tante aimait beaucoup les enfants. Elle vient de mourir, et m'a demandé de vous le porter.

Interloqué, François Babou ouvre le pli et en tire une liasse de billets. 100 000 francs…

— Merci ! dit-il. Je vais vous faire un reçu.

— Non. Ce n'est pas la peine. Ma tante m'a dit de le faire, je le fais. Vous avez une bonne tête, elle ne s'est pas trompée.

Il se dirige vers la porte, puis se retourne :

— Au fait, vous auriez l'adresse de la SPA ?

— La SPA ? Mais pourquoi ?

— Eh bien ma tante aimait aussi beaucoup les chats...

Malgré tous ses efforts, François Babou n'est jamais parvenu à récupérer l'argent destiné aux chats. « Ma tante m'a dit de le faire, je le fais », s'est contenté de répéter le moujik, avant de prendre congé...

Les dons. Les legs. C'est déjà beaucoup – ce n'est pas encore assez. Il faut toujours plus d'argent pour les enfants. Jour après jour, le pôle développement met donc en place de multiples actions « tout terrain ». Stéphan gère une boutique virtuelle[1], où l'on peut se procurer des cartes de vœux et quantité d'objets au logo de Mécénat : oursons et autres peluches, jeux et jouets, vêtements de sport, du cyclisme au running, en passant par la voile et le golf, bracelets, pins, sacs à main, sacs de sport, T-shirt, etc. Les mêmes objets sont vendus avec bonheur tout au long de l'année sur les stands des différents événements que l'association organise ou auxquels elle participe, et autour desquels se retrouvent ses membres, devenus comme une grande famille.

Il y a le « noyau dur » : le pôle médical et le pôle développement. Il y a aussi les familles d'accueil qui, au

1. Voir le site Internet de Mécénat chirurgie cardiaque.

fil du temps, apprennent à se connaître – sans oublier les quelque quatre cents bénévoles qui, sous la houlette de Martine Blanlœil, prennent en charge de multiples tâches administratives : la préparation technique des événements, de la pose des barrières de sécurité à la préparation et à la mise en place de certains buffets, en passant par les ventes et la distribution de tracts. En 2014, pour ne parler que de cette année-là, « la famille Mécénat » s'est retrouvée à Gaveau, mais aussi au Ranelagh, où la troupe des Mauvais Élèves donnait une représentation des *Amoureux* de Marivaux, sous la direction inventive et légère des humoristes Shirley et Dino, fidèles soutiens de l'association. Au dernier mot prononcé, la salle, Francine Leca et Patrice Roynette en tête, se sont levés pour une ovation sonore. Les fonds récoltés ont permis de sauver un enfant – c'est ainsi que l'on compte, à Mécénat. Au théâtre toujours, celui de Chaillot, la chorégraphe Marion Lévy a proposé une représentation exceptionnelle de *Dans le ventre du loup,* soirée qui a vu, aussi, en première partie, une rencontre surprise entre l'actrice Kristin Scott Thomas et le musicien Piers Faccini. Deux enfants sauvés. Et, sous le chapiteau du cirque Alexis Grüss, on a donné *Pégase & Icare* : chevaux et farfadets, odeurs de sciure et lumières vives, applaudissements, cris de joie des enfants présents, de bien belles heures et, au final, 12 000 euros récoltés, le prix d'une nouvelle vie.

Il y a les spectacles. Il y a aussi le sport. Ronan, Régine, Corinne, Fabien, Pierre, Jean-François,

Antoine, Laura et Jean ont couru le marathon de Paris et réuni 24 000 euros. Deux enfants sauvés. Au détour de la 41ᵉ édition du Cross du Figaro, Marie-José Pérec et Christine Arron, grandes championnes d'athlétisme, ont été les ambassadrices du mini-cross des enfants au profit de l'association. À leurs côtés, Aïda Touihri, journaliste et sportive au grand cœur, a participé au Cross version féminine. Un enfant sauvé. L'équipe du cœur, composée entre autres de Taig Khris, Aurélie Vaneck, Patrick Poivre d'Arvor, Aïda Touihri, Tanguy de Lamotte, Paul Belmondo et Satya Oblette, s'est élancée des Champs-Élysées, lors du Marathon de Paris. Benoît Zwierzchiewski, vainqueur en 2003, a pris le départ en dernière position, pour tenter de doubler le maximum de coureurs. Pour chaque concurrent doublé, 1 euro a été reversé à Mécénat. Deux enfants sauvés.

Vendredi 4 juillet 2014. Le Rallye du cœur fête sa dixième bougie. Flanquées du cœur Mécénat chirurgie cardiaque, quarante-deux voitures de prestige démarrent. Direction Le Mans au rythme des routes de campagne. Au bout du voyage, quatre enfants sauvés. Un enfant sauvé aussi au salon du chocolat, cinq au prix Qatar Arc de triomphe, sans oublier les événements en région : concerts à Tours, course à pied à Marseille, tournoi de basket à Nantes, salsa à Bordeaux, golf à Nice. Et bien entendu, le célébrissime Tour de France…

Juillet, toujours. « La Grande Boucle » réunit des millions de téléspectateurs devant les écrans et des milliers de fans sur le bord des routes. Partenaire privilégié depuis 2003, Mécénat chirurgie cardiaque sillonne également l'Hexagone – et ce n'est pas une mince aventure logistique. Le camion surmonté d'un gigantesque ourson portant le fameux cœur blanc sur fond rouge est en tête de la caravane publicitaire. Juste derrière, un véhicule distribue des bonbons. Au départ de chaque étape, sur le parking caravane, des équipes renseignent les curieux. À l'arrivée, un stand tenu par trois bénévoles propose des produits à l'effigie de l'association. Pour réduire les frais, une grande chaîne de solidarité s'est créée. Le Crédit Lyonnais finance la fabrication des structures. Carrefour prend en charge les frais de restauration. Skoda fournit des véhicules, JC Decaux offre l'affichage publicitaire, Haribo les palettes de bonbons, les amis de Mécénat accueillent gratuitement l'équipe de bénévoles dans toutes les villes étapes. Enfin, les vélos et les casques utilisés pour l'Étape du cœur sont respectivement fournis par Skoda et Ekoï. Point d'orgue de l'aventure, donc, cette Étape du cœur. Paul Belmondo, Henri Sannier, Magali Le Floc'h, Christian Morin, Nelson Montfort, Jean Réveillon, Patrick Poivre d'Arvor, Bernard Hinault, Bernard Thévenet, Richard Virenque, Roger Legeay et Dany Boon – une superbe affiche – prennent le départ de ce « contre la montre ». Durant 54 kilomètres, entre Bergerac et Périgueux, un peloton uni de cœurs rouges file dans la campagne dordognaise. Au bord des routes, une foule passionnée. Dans une voiture, derrière eux, la petite Queen, 4 ans, originaire du Burundi.

Elle est arrivée voici deux mois, enfant craintive, qui a été accueillie à bras ouverts par Franck et Nadine, ses parents d'accueil. Ils ne sont pas, loin de là, novices en la matière, et ont très vite su l'apprivoiser. Jeux, promenades dans le jardin, balançoire, Queen est vite sortie de sa réserve. L'intervention, pratiquée à Massy par Joy Zoghbi, s'est parfaitement déroulée, tout comme la convalescence d'une fillette heureuse de pouvoir enfin courir et crier, rire et manger, sauter, aussi, sur son lit, comme tous les enfants de son âge. Aujourd'hui, à la veille de son retour chez elle, Queen a les honneurs du Tour de France. Confortablement installée dans le camion aux couleurs de Mécénat, elle salue de la main, comme la petite reine qu'elle est, la foule acclamant le passage de la caravane. Grâce au Tour de France, Queen est sauvée, comme deux cents autres enfants depuis 2003.

Et puis, bien sûr, il y a la voile, « un partenaire idéal, car les voileux sont forts, généreux, opiniâtres et porteurs de belles valeurs humaines », dit Francine Leca. Rien d'étonnant, donc, à ce que la navigatrice Catherine Chabaud soit l'une des marraines de l'association – avec la très présente Inès de la Fressange. Avec Patrice Roynette, Catherine Chabaud a lancé l'opération « Un cœur, une voile », qui consiste pour les entreprises sponsorisant les bateaux de course à verser une somme destinée à l'association. En 2009, le skipper Tanguy de Lamotte, dont le voilier est aux couleurs de Mécénat, a remporté la Solidaire du chocolat Un enfant sauvé. Et ce n'est pas terminé, loin de là.

« Défier les océans pour sauver des enfants » : telle est la devise d'Initiatives cœur et de son patron Franck Vallée, fondation créée par la société Initiatives, spécialiste français des solutions de collecte de fonds pour les établissements scolaires, les associations sportives, et de manière plus générale l'ensemble du monde associatif. Son bateau éponyme porte haut sur sa voile blanche trois cœurs rouges et le beau visage d'un « petit Mécénat ». À la barre, Tanguy de Lamotte, fidèle soutien de l'association, s'apprête à prendre le départ de la septième édition du Vendée Globe : près de cent jours autour du monde, en solitaire et sans assistance. Pour ajouter la solidarité à l'exploit sportif et humain, Initiatives cœur a décidé de verser 1 euro à Mécénat, pour chaque « j'aime » sur sa page Facebook. Avant même le départ, plus de 22 000 personnes ont déjà cliqué : deux enfants sauvés. Ils seront vingt, à la fin d'une course suivie de bout en bout avec passion par les internautes. L'année 2014 voit Initiatives cœur s'élancer du Havre pour une traversée de l'Atlantique qui le mènera jusqu'au Brésil. À bord, Tanguy de Lamotte, toujours, et l'acteur François Damiens. Cette fois, avant le départ, c'est le petit Gothié qui a été sauvé par les « clics » des internautes. Trois semaines plus tard, ils seront six à pouvoir bénéficier d'une chirurgie. En 2015, à l'occasion de la Transat Jacques Fabre, vingt autres petits pourront être opérés. Cette fois, c'est une femme, Samantha Davies, qui était aux côtés de Tanguy. Et rarement un duo avait été aussi beau à voir naviguer en mer.

Novembre. Toute l'équipe du pôle développement est sur le pont. Dans moins d'un mois, le marché de Noël de Mécénat ouvrira ses portes. En treize ans, l'association a pu opérer cinquante-cinq enfants atteints de malformations cardiaques grâce à cet événement : 3 500 m^2 mis à disposition gratuitement par le Palais des Congrès, pour des dizaines de stands proposant des produits haut de gamme sélectionnés par thème, de la maroquinerie au textile, en passant par la gastronomie. Un vrai supermarché solidaire qui doit être mis en place en quelques semaines seulement. Recherche de partenaires, étiquetage des produits, préparation des stands, distribution de tracts, organisation du stockage, communication : un chantier immense, qui n'empêche pas l'équipe de travailler sur d'autres projets ni d'en imaginer encore plus. Orso et Charlotte, Marie-Sophie et Stéphan, Grégory, Rémi et bien sûr Patrice Roynette ont du pain sur la planche. « Donnez-moi 200 millions d'euros, leur a dit Francine Leca, et je ferai opérer seize mille enfants. Tout le monde me dit qu'il faut y aller doucement, mais je n'oublie jamais que si on n'avance pas, on recule. »

La chirurgienne a été entendue de son équipe qui cravache pour être à la hauteur de ses rêves – mais pas seulement. Aux quatre coins de la France, ce sont en effet des dizaines de communes, de mairies, d'entreprises, d'écoles, de clubs sportifs ou même de simples particuliers qui organisent, au fil du temps, des « événements Mécénat ». Kermesses, ventes de livres, de gâteaux ou de vins, collectes, cross, brocantes, expositions photo, il est impossible de les citer tous. Le lecteur pourra les retrouver sur le blog de l'association, où l'équipe du pôle développement les recense, jour après jour.

Il mesurera, ainsi, à quel point l'imagination et l'enthousiasme sont affaires de cœur.

Ceux qui souhaitent suivre l'actualité
de Mécénat chirurgie cardiaque
peuvent consulter son site Internet :

www.mecenat-cardiaque.org

Cet ouvrage a été composé par IGS-CP
à L'Isle-d'Espagnac (16)

Imprimé en France par CPI
en mars 2016
N° d'impression : 2022149

Les Éditions KERO utilisent des papiers composés de fibres naturelles, renouvelables, recyclables et fabriquées à partir de bois issu de forêts qui adoptent un système d'aménagement durable.

Dépôt légal : avril 2016